힘이 되는 인생속담
쓰담쓰담
영어속담

Author 차경숙
영어회화 전문 강사. 초등학교 영어 전담 교사로 일하며 영어 실력과 인성을 함께 기르는
영어속담 수업을 진행하는 등 아이들의 흥미를 이끌어 내는 영어 교육에 힘쓰고 있다.
Proofreading Wonmi Michele Lee
Illustration 김은정
Book Design 김소정

힘이 되는 인생속담
쓰담쓰담 영어속담

초판 1쇄 발행 2017년 12월 10일
초판 2쇄 발행 2019년 10월 30일

지은이 차경숙

펴낸이 엄경희
펴낸곳 서프라이즈
주소 서울 마포구 양화로183 612호
전화 02)719-9758 팩스 02)719-9768
이메일 books4u@naver.com
등록 2003년 12월 20일 제313-2003-00382호

ⓒ2017 차경숙

이 책은 도서출판 서프라이즈가 저작권자와의 계약에 따라
발행한 것으로 저작권법에 의해 보호를 받는 저작물이므로
무단 전재와 무단 복제를 금합니다.

ISBN 978-89-92473-18-7 13740

책값은 뒤표지에 있습니다.

이 도서의 국립중앙도서관 출판예정도서목록(CIP)은 서지정보유통지원시스템 홈페이지(http://seoji.nl.go.kr)와 국가자료공동목록시스템(http://www.nl.go.kr/kolisnet)에서 이용하실 수 있습니다.(CIP제어번호: CIP2017028515)

영어속담 멘토링북
힘이 되는
인생속담
쓰담쓰담
영어속담

차경숙 지음

서프라이즈

Prologue

청년들을 위한 영어 속담 사용 설명서

지금까지 영어 잘하는 특기로 살아 왔지만 정작 제 아이들에게는 영어를 가르쳐 준 적이 거의 없습니다. 몇 번 시도해 보기는 했지만 늘 끝이 좋지 않았습니다. 결국 좋은 모녀 관계를 위해 무기한 휴업을 결정했었는데, 초등학교에서 영어를 가르치면서 제 딸들에게도 꼭 해주고 싶은 수업이 생겼습니다. 바로 영어 속담 수업입니다.

수년간 6학년을 가르치면서 많은 시도를 해봤습니다. 초등학생이지만 삶의 고단함을 표정 지을 줄 아는 학년이지요. 웬만한 자극에는 끄덕도 하지 않는 그 아이들을 사로잡을 만한 것이 뭐가 있을까 고민하다가, 영어 속담을 수업의 재료로 사용했습니다. 그랬더니 아이들이 눈을 반짝이며 좋아했습니다.

영어 속담은 우리나라 속담과 통하는 점이 많아 무척 흥미롭습니다. 물론 영어 공부에도 매우 효과적이지요. 생활에 밀착된 표현으로서 영어 속담은 우리 속담보다 훨씬 더 자주 쓰이기 때문입니다. 일상 회화와 글에서뿐만 아니라 팝송 가사와 드라마 대사에서도 흔히 속담을 만날 수 있습니다.

무엇보다 영어 속담에는 아이들에게 해주고 싶은 말들이 담겨 있습니다. 속담은 오랜 세월 수많은 사람들의 귀중한 체험이 응축된 표현이라 그것을 아는 것만으로도 힘이 됩니다. 자연스럽게 인성이 길러지지요. 속담

수업을 준비하면서 이제 사춘기를 지나 스스로 삶을 헤쳐 나가려는 제 딸들에게 들려주고 싶은 속담을 찾았습니다. 흔들리며 피는 꽃들처럼, 인생의 단계마다 힘겨워할 때, 보이지 않는 모퉁이를 돌기 전에 두려워할 때, 그럴 때마다 도움이 될 속담이 있었습니다.

그래서 이 책을 썼습니다. 어른의 문턱에 선 딸들에게 엄마의 마지막 영어 수업이라 생각하면서, 나아가 이 시대를 살아가는 모든 아들딸들과도 지혜와 모럴이 녹아 있는 속담을 함께 나누고자, 속담을 고르고 또 고르며 집필 작업을 했습니다. 그리고 수년 동안 교실에서 시행착오를 통해 발전시킨 속담 수업을 책으로 엮어, 밤낮으로 좋은 수업 디자인을 위해 고민하는 영어 선생님들에게 조금이나마 도움을 드리고 싶었습니다.

이 책은 본문이 영어로 쓰여 있지만 중학교 수준의 단어와 간단한 문장을 사용하여 누구나 부담 없이 읽을 수 있습니다. 영어 초급자라도 아무 걱정 없이 도전할 수 있도록 단어와 숙어를 우리말 뜻과 함께 정리해 놓았지요. 빈칸이나 질문이 나오면 우리말로라도 답을 써 본 후, 제시된 해석이나 예시 답안과 비교해 보기 바랍니다.

문명과 기술이 아무리 발달해도 인생은 뜻대로 살아지지 않습니다. 하지만 너 나 할 것 없이 누구나 힘들게 살아간다는 사실 하나만 깨달아도 살아갈 용기가 납니다. 속담은 우리 모두의 이야기입니다. 권력과 재력이 있는 사람에게만 적용되는 속담은 살아남을 수 없었고, 그래서 지금까지 사용되는 속담은 우리 모두에게 힘이 되어 줍니다.

이 책에서는 특히 젊은이들에게 용기를 주는 속담 서른 개를 소개했습니다. 하지만 속담의 보편성은 나이, 성별, 지위를 가리지 않기에 이 책을 읽고 누구든지 자신에게 힘이 되는 속담을 발견할 수 있기를 고대합니다. 혹시 영어 때문에 책 읽기가 두렵다면, 각 장이 시작되기 전에 인용한 좋은 글귀나 본문 속 성현들의 말씀에서 공명 구절을 찾아보세요. 작은 불씨에서 큰불이 일어나듯이 짧은 글귀 하나가 영어라는 태산을 넘을 수 있는 마법의 양탄자가 될 수도 있으니까요. 독자 여러분의 행운을 빕니다.

차경숙

How to Use This Book

1 인생 고민을 멘토링하는
여섯 개의 '속담 정원'

여러 가지 복잡한 문제로 고민하고
있을 때 이 책을 펼쳐 보세요.
내 마음을 알아주는 영어 속담이
있습니다. 스스로 초라하게
느껴지거나 불안할 때, 실패나
실수가 두려울 때, 한계를 뛰어넘고
싶을 때 등 6개의 장(parts)으로
구성된 이 책은, 상황별로 꼭 맞는
속담을 제시해 줍니다. 따뜻한
위로와 지혜로운 조언으로 젊은
세대에게 용기와 희망을 주는
'멘토링 속담 정원'으로 들어오세요.

2 아는 것만으로도 힘이 되는
서른 개의 영어 '속담 나무'

청춘을 위한 30개의 속담에는
어떤 것들이 있을까요?
하나씩 익혀 나가기 전에 먼저,
각 속담과 의미가 통하는
인용문(quotes)을 음미해
보세요. 명사들의 말이나 글에서
따온 주옥 같은 표현으로,
속담과 더불어 기억하면 유용할
것입니다. 그런 다음 제목과
도입문을 읽어 보세요. 속담의
교훈이나 의도를 제목으로
삼고 그와 관련하여 덧붙여
놓은 글입니다. 어떤 속담이
소개될지 짐작해 보세요.

8

The grass is always [?] on the other side of the fence.

Imagine you live in a house with grass in the backyard. The next door house has the same kind of grass too. The proverb says the grass always looks better in the yard next door.

The grass looks *good* when it is *green*, doesn't it? Then it looks *better* when it is _____.

Can you complete the proverb?

❶

What does the proverb mean in Korean?

❷

❸ 마음 밭에 '속담 씨앗' 뿌리기

언제 어디서든 힘이 되는 인생 속담을 키워 보세요. 우선 '속담 씨앗'을 뿌려야겠지요? 1단계 **Let's Sow the Proverb**에서 영어 속담과 만나세요. 속담과 친해지려면 약간의 수고가 필요한데요, 바로 빈칸을 채워야 하는 것이지요. 단계마다 한두 개의 빈칸을 채우며 속담을 천천히 그리고 속속들이 알아 가는 재미를 느껴 보세요. 어느새 영어 속담이 친숙해지면서 마음속 깊이 들어올 거예요.

20

grass 풀, 잔디 always 항상 the other side 건너편 fence 울타리 imagine 상상하다 backyard 뒷뜰(정원) next door 이웃집 the same kind of 같은 종류의 look ~해 보이다 better 더 나은(good의 비교급) complete 완성하다 proverb 속담 in Korean 한국어로

What is the matching Korean proverb? It mentions about something to eat instead of grass.

❸

Let me tell you about a little boy* who pleased baby Jesus and Mother Mary.

When baby Jesus was born, all the town's people were excited and waited in line to meet Jesus and offer him gifts. A little drummer boy heard the news and wanted to meet Jesus too, but he was terribly poor. All he had was a small and battered

* '북 치는 소년 (The Little Drummer Boy)'은 가난한 양치기 소년이 아기 예수에게 줄 선물이 없어 자신의 북을 연주한다는 내용의 미국 캐럴.

❹ 마음속에 '속담 줄기' 세우기

2단계 **Let's Grow the Proverb**는 영어 속담과 같은 뜻의 우리 속담을 찾아보는 순서입니다. 우리 속담이 영어 '속담 줄기'를 튼튼하게 받쳐 주지요. 서로 닮은 점과 다른 점을 비교해 보세요. 속담과 관련된 흥미로운 이야기도 소개됩니다. 지혜와 교훈이 가득하지요! 본문이 모두 영어로 되어 있지만 단락마다 **어구 해설**을 해놓아 어렵지 않습니다. 군데군데 자세한 **주석(notes)**도 있고요. 영어 공부는 기본, 상식은 덤!

1. Play Your Drum 21

How to Use This Book **9**

Others always look better than you. Someone was born with a silver spoon in his or her mouth. Another is blessed with natural talent. And another seems to have good luck all the time.

But you really want to be better, don't you?

Just stop comparing. Comparing makes you feel defeated. As Hemingway said, "We are not made for defeat."*

Be the best in your own way: Smiling, cleaning, doodling, joking, walking, eating, or whatever. **Find your drum and play it proudly.**

● Ernest Hemingway (어니스트 헤밍웨이)의 *The Old Man and the Sea*(노인과 바다)에 나오는 구절.

Please recite the proverb and write it down.

⑤

⑤ 마음먹은 대로 '속담 열매' 거두기

속담을 익히고 마음을 키우면 '속담 열매'가 열립니다. 뜻하는 대로 행하게 되지요! 3단계 **Let's Reap the Proverb**는 속담의 교훈을 한층 내면화하여 일상생활에서 지혜가 발현되도록 도와줍니다. 진하게 표시된 **핵심 문장**을 큰 소리로 읽으며 결심하고 실천하세요. 빈칸 채우기를 비롯한 질문에 빠짐없이 답하는 것도 잊지 마세요. 창의적이고 솔직한 답이 속담 공부를 더 재미있고 유익하게 합니다.

 be born with a silver spoon in one's mouth 소위 금수저를 물고 태어나다, 부유한 집에 태어나다 be blessed with ~의 복을 받다 natural talent 타고난 재능 luck 행운 all the time 항상 compare 비교하다 defeat 패배 in your own way 너만의 방식으로 smile 미소 짓다 clean 청소하다 doodle 낙서하다 joke 농담하다 walk 걷다 proudly 당당하게 recite 암송하다

⑥ 마음에 되새기는 '속담 그루터기'

속담의 메시지를 간결하게 정리한 **One Point Lesson**을 반복해서 읽어 보세요. 본문 전부를 다시 보지 않더라도 속담을 마음 깊이 되새길 수 있습니다. 중요 표현은 영어로 나란히 표기해 학습 효과도 뛰어납니다. 속담의 의미를 저마다 어떻게 생활에 적용하여 바람직한 변화를 이루고 있는지에 대해 얘기해 보세요. 또 속담을 회화에 응용한 사례나 속담을 잘 암송할 수 있는 방법에 대한 의견도 나눠 보세요.

ONE POINT LESSON

사과(apple)와 오렌지(orange) 중 어느 것이 더 맛있는가 하는 질문은 우문(a stupid question)입니다. 과일(fruit)도 제각각 비교할 수 없는 고유의 맛과 향이 있는데 우리야 두말할 필요가 없지요. 우리는 누가 뭐래도 천상천하(天上天下) 유아독존(唯我獨尊)인 존재입니다(very special in the universe). 여러분만의 매력(charm)과 개성(individuality)과 재능(talent)을 발견하고 갈고 닦으세요(cultivate them).

❼ 확인하고 참고하는 '정답 및 해석'

본문의 해석은 각 속담의 말미 **Answers & Translation**에 실려 있으니 참고하세요. 혹시 잘못 이해한 내용이 있다면 본문으로 돌아가 다시 한 번 읽어 보세요. 본문 속에 제시된 빈칸 채우기 등 4~6개의 질문에 대한 정답이나 예시 답안도 여기에서 확인할 수 있습니다. 우리말로 답한 것은 예시 답안을 보면서 다시 한 번 영어로 답해 보세요. 모든 문장은 본문과 마찬가지로 큰 소리로 읽어 보세요.

속담 찍먹

잔디는 항상 울타리 건너편에서
뒤뜰에 잔디가 있는 집에서 산다고 상상해 보세요. 옆집에도 같은 종류의 잔디가 있습니다. 그런데 옆집 잔디가 항상 좋아 보입니다.
잔디는 푸를 때 좋아 보입니다. 그렇지 않나요? 그러면 _____ 때 더 좋아 보이겠죠.
속담을 완성하고 적어 볼까요?

❶ The grass is always greener on the other side of the fence.

우리말로 무슨 뜻일까요?

❷ 울타리 너머에 있는 잔디가 항상 더 푸르다.

속담 줄기

같은 뜻의 우리 속담은 뭘까요? 잔디 대신 먹을 것을 언급합니다.

❸ 남의 떡이 더 크다.

아기 예수님과 성모 마리아를 기쁘게 했던 작은 소년 이야기를 들려주겠습니다.
아기 예수님이 태어났을 때 온 마을 사람들이 신이 나서 예수님을 만나서 선물을 드리기 위해 긴 줄을 섰습니다. 북 치는 작은 소년도 그 소식을 듣고 예수님을 만나고 싶었습니다. 그런데 그 아이는 너무 가난했습니다. 가진 거라곤 양치기할 때 쓰는 오래되고 낡은 북 하나밖에 없었습니다. 여러분이 소년이라면 어떻게 했을까요?

Ex) If I were the boy, I would give the drum because it was the most precious thing I had. (내가 그 소년이라면 북을 선물로 드릴 겁니다. 왜냐하면 내가 가지고 있는 중 제일 귀중한 것이기 때문입니다.)

그 소년은 선물로 북을 연주했습니다.
따 럼 떰떰떰
럼 펌펌펌
성모 마리아와 예수님은 그의 연주를 정말 좋아했을까요?
그 소년은 매일 북을 쳤기 때문에 북을 아주 잘 쳤습니다. 자신이 제일 잘하는 것을 했던 거지요.

속담 열매

다른 사람들이 항상 여러분보다 더 나은 것처럼 보입니다. 어떤 이는 '금수저' 출신이고 어떤 이는 타고난 재능의 은혜를 입었고 또 어떤 사람은 행운이 늘 따르는 것처럼 보입니다.
하지만 사실은 여러분 자신이 더 뛰어나고 싶죠. 그렇죠?
비교를 멈추세요. 비교하면 지는 겁니다. 헤밍웨이가 말했어요. '우리는 패배하기 위해 태어나지 않았습니다.'
자기만의 방식으로, 즉 웃기, 청소하기, 낙서하기, 농담하기, 걷기, 먹기 등, 어떤 것으로든 최고가 되세요. **자신만의 북을 찾아서 당당하게 연주하세요.**
속담을 암송하고 적어 보세요.

❽ 복습하고 또 배우는 알찬 '부록'

앞에서 배운 30개의 속담을 **연습문제**를 풀며 복습하세요. 영어 속담과 우리 속담을 다시 한 번 점검하며 마무리할 수 있습니다. 여기에 더해 영어 속담에 대한 지속적인 흥미와 학습 의욕을 북돋기 위해 **새로운 속담 30개**를 문제 풀이로 소개하고 있습니다. 재미있고 기지가 넘치는 이 속담들 역시 흔히 사용되는 표현으로서 함께 알아 두면 많은 도움이 될 것입니다. 읽고 쓰며 암송해 보세요.

Appendix

Let's Review What We've Learned

❶ Find matching English proverbs. 같은 뜻의 영어 속담을 찾아보세요.

1 호랑이를 잡으려면 호랑이 굴에 들어가야 한다. ( )
2 가는 말이 고와야 오는 말이 곱다. ( )
3 빈 수레가 요란하다. ( )
4 쇠뿔도 단김에 빼라. ( )
5 세 살 버릇 여든까지 간다. ( )
6 걱정도 팔자. ( )
7 백지장도 맞들면 낫다. ( )
8 천리 길도 한 걸음부터. ( )
9 제 눈에 안경. ( )
10 자라 보고 놀란 가슴 솥뚜껑 보고 놀란다. ( )

A Beauty is in the eye of the beholder.
B A leopard cannot change its spots.
C Two heads are better than one.
D Nothing ventured, nothing gained.
E Still water runs deep.
F Strike while the iron is hot.
G Once bitten, twice shy.
H Great oaks from little acorns grow.
I A soft answer turns away wrath.
J Don't cry before you are hurt.

268

Contents

Prologue • 4
How to Use This Book • 8

 PART I **When You Feel Small or Uneasy**
자신이 초라하게 느껴지거나 불안할 때

01 Play Your Drum 자신의 북을 연주하세요 • **19**
    The grass is always greener on the other side of the fence
    남의 떡이 더 커 보인다

02 Where Is My Blue Bird? 나의 파랑새는 어디에 있을까요? • **27**
    A bird in the hand is worth two in the bush
    덤불 속 새 두 마리보다 내 손 안에 있는 한 마리가 더 낫다

03 You Are Beautiful 당신은 아름답습니다 • **35**
    Beauty is in the eye of the beholder 제 눈에 안경

04 Listen to Your Body 자신의 몸에 귀를 기울이세요 • **43**
    A sound mind in a sound body 건강한 몸에 건강한 정신이 깃든다

05 Keep Your Mind Still 마음을 고요하게 • **51**
    Still water runs deep 깊은 물은 소리 없이 흐른다

PART II When You Fear Failure or Mistakes
실패나 실수가 두려울 때

06 Decide What You Want 원하는 것을 결정하세요 •**61**
Where there's a will, there's a way 뜻이 있는 곳에 길이 있다

07 Make a Mistake 실수를 합시다 •**69**
A cat in gloves catches no mice 장갑 낀 고양이는 쥐를 못 잡는다

08 One Grain at a Time 한 번에 한 알씩 •**77**
Great oaks from little acorns grow 천리 길도 한 걸음부터

09 Develop Your Timing 타이밍을 개발하세요 •**85**
Strike while the iron is hot 쇠뿔도 단김에 빼라

10 Have Your Way 자신의 길을 찾으세요 •**93**
All roads lead to Rome 모든 길은 로마로 향한다

PART III When You Put Off Your Actions
행동에 옮기는 것을 미루고 있을 때

11 Make a Beginning 시작부터 합시다 •**103**
The first step is always the hardest 시작이 반이다

12 Focus on the Gain 이득에 집중하세요 •**111**
Nothing ventured, nothing gained
호랑이를 잡으려면 호랑이 굴에 들어가야 한다

13 Speak with Actions 행동으로 말합시다 •**119**
Actions speak louder than words 말보다 행동

14 1% Inspiration and 99% Perspiration 1%의 영감과 99%의 땀 •**127**
Practice makes perfect 무쇠도 삼 년 갈면 바늘 된다

15   Easy Come, Easy Go 쉽게 들어온 것은 쉽게 나가는 법 • **135**
      The best fish swims near the bottom 큰 물고기는 깊은 물에 산다

When You Want to Jump Over Your Limits
PART IV   자신의 한계를 뛰어넘고 싶을 때

16   Seeing Is Believing 보면 믿게 됩니다 • **145**
      A picture is worth a thousand words 백 번 듣는 것보다 한 번 보는 게 낫다

17   Worry, Worry, Go Away 걱정아, 멀리 가 버려 • **153**
      Don't cry before you are hurt 걱정도 팔자

18   Face Your Fear 공포와 마주하세요 • **161**
      Once bitten, twice shy 자라 보고 놀란 가슴 솥뚜껑 보고 놀란다

19   Manners Talk 매너는 통합니다 • **169**
      Don't judge a book by its cover 뚝배기보다 장맛

20   Get Along with Habits 습관과 사이좋게 지내세요 • **177**
      A leopard cannot change its spots 세 살 버릇 여든까지 간다

When You Need Company
PART V   동행이 필요할 때

21   Friendship is Earned 우정은 힘들여 얻는 것 • **187**
      A friend in need is a friend indeed 어려울 때 친구가 진짜 친구다

22   Are You a Good Partner? 당신은 좋은 파트너인가요? • **195**
      It takes two to tango 손뼉도 부딪쳐야 소리가 난다

23   Together is Better 함께할수록 더 좋아요 • **203**
      Two heads are better than one 백지장도 맞들면 낫다

24 Put Yourself in Others' Shoes 다른 사람의 입장이 되어 보세요 •**211**
One man's trash is another man's treasure
한 사람의 쓰레기가 다른 사람의 보물이 될 수 있다

25 What Makes the Good World? 무엇이 좋은 세상을 만들까요? •**219**
A soft answer turns away wrath 가는 말이 고와야 오는 말이 곱다

 PART VI When You Want to Be Hopeful
희망을 품고 싶을 때

26 Never Ever Give up 절대 포기하지 마세요 •**229**
Better late than never 늦더라도 안 하는 것보다 낫다

27 Everyone Has Today 모든 이에겐 오늘이 있습니다 •**237**
Every dog has its day 쥐구멍에도 볕 들 날 있다

28 Between Happy Days 행복한 날들 사이에서 •**245**
Every cloud has a silver lining 비 온 뒤에 땅이 굳는다

29 Laugh Last 마지막에 웃으세요 •**253**
All's well that ends well 끝이 좋으면 다 좋다

30 Help Yourself 스스로를 도웁시다 •**261**
Heaven helps those who help themselves
하늘은 스스로 돕는 자를 돕는다

Appendix

Let's Review What We've Learned •**268**
Let's Learn 30 More Proverbs •**270**

*W*hen you feel small because of people around you
or a situation you are in,
don't forget everything should start from yourself.
If you don't love yourself,
how do you want to be loved by others?
You can stand tall whenever you believe in yourself.

주변 사람들이나 자신이 처한
환경으로 인해 주눅이 들 때,
모든 일은 자기 자신에서 시작되어야 한다는 것을 잊지 마세요.
자신을 사랑하지 않으면,
어떻게 다른 사람들로부터 사랑받기를 원하겠어요?
자기 자신을 믿는다면 언제나 당당하게 설 수 있습니다.

Stop acting small.
You are the universe in ecstatic motion.
- Rumi, Persian poet

보잘것없는 사람처럼 행동하지 마세요.
당신은 신묘하게 움직이고 있는 우주입니다.
- 루미, 페르시아 시인

1 Play Your Drum
자신의 북을 연주하세요

살면서 다른 사람과 절대 비교하지 말아야 하는 사람은 누구일까요? 부모님, 배우자, 자식, 그리고 또 한 사람, 바로 자기 자신입니다! 우리는 비교 당하는 것을 싫어하면서도 자기도 모르게 항상 자신을 다른 사람과 비교하곤 합니다. 외모, 성적, 재능, 운, 학교, 직장, 친구, 최신 휴대폰까지…. 70억 인구를 한 줄로 세우더라도 같은 사람 한 명 없는, 유일무이한 나는 있는 그대로 남다릅니다.

Let's Sow the Proverb

The grass is always [?] on the other side of the fence.

Imagine you live in a house with grass in the backyard. The next door house has the same kind of grass too. The proverb says the grass always looks better in the yard next door.

The grass looks *good* when it is *green*, doesn't it? Then it looks *better* when it is _____.

Can you complete the proverb?

1

What does the proverb mean in Korean?

2

🍃 **grass** 풀, 잔디 **always** 항상 **the other side** 건너편 **fence** 울타리 **imagine** 상상하다 **backyard** 뒤뜰(정원) **next door** 이웃집의 **the same kind of** 같은 종류의 **look ~해 보이다** **better** 더 나은(good의 비교급) **complete** 완성하다 **proverb** 속담 **in Korean** 한국어로

What is the matching Korean proverb? It mentions about something to eat instead of grass.

3.

Let me tell you about a little boy* who pleased baby Jesus and Mother Mary.

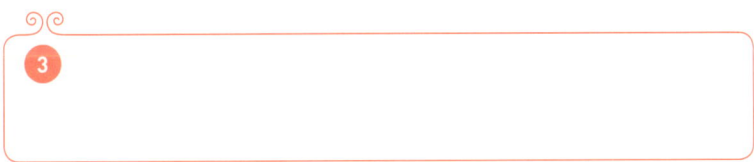

* '북 치는 소년 (The Little Drummer Boy)'은 가난한 양치기 소년 이 아기 예수에게 줄 선물이 없어 자신의 북을 연주한다는 내 용의 미국 캐럴.

When baby Jesus was born, all the town's people were excited and waited in line to meet Jesus and offer him gifts. A little drummer boy heard the news and wanted to meet Jesus too, but he was terribly poor. All he had was a small and battered

1. Play Your Drum **21**

drum for sheep chasing. What would you do if you were the boy?

He played his drum as gift.

Pa Rum Pum Pum Pum
Rum Pum Pum Pum

Mother Mary and Jesus really liked his play. Why?
The boy was a good drummer because he played it every day. He played his best for them.

matching 해당하는, 어울리는 mention 언급하다 instead of ~ 대신에 please 기쁘게 하다 baby Jesus 아기 예수 Mother Mary 성모 마리아 be born 태어나다 town 마을 excited 신이 난 wait in line 줄 서서 기다리다 offer 제공하다, 바치다 gift 선물 drummer 북 치는 사람 terribly 몹시, 끔찍하게 poor 가난한 battered 낡은 sheep chasing 양몰이 if you were the boy 당신이 만약 그 소년이라면 (가정법 과거로 현재 사실에 반하는 내용 가정)

Let's Reap the Proverb

Others always look better than you. Someone was born with a silver spoon in his or her mouth. Another is blessed with natural talent. And another seems to have good luck all the time.

But you want to be better than others, don't you?

Just stop comparing. Comparing makes you feel defeated. As Hemingway said, "We are not made for defeat."*

Be the best in your own way: Smiling, cleaning, doodling, joking, walking, eating, or whatever. **Find your drum and play it proudly.**

* Ernest Hemingway (어니스트 헤밍웨이)의 *The Old Man and the Sea*(노인과 바다)에 나오는 구절.

Please recite the proverb and write it down.

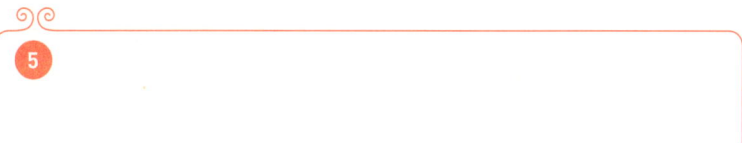

🦋 **be born with a silver spoon in one's mouth** 소위 금수저를 물고 태어나다, 부유한 집에 태어나다 **be blessed with** ~의 복을 받다 **natural talent** 타고난 재능 **luck** 행운 **all the time** 항상 **compare** 비교하다 **defeat** 패배 **in your own way** 너만의 방식으로 **smile** 미소 짓다 **clean** 청소하다 **doodle** 낙서하다 **joke** 농담하다 **walk** 걷다 **proudly** 당당하게 **recite** 암송하다

ONE POINT LESSON

사과(apple)와 오렌지(orange) 중 어느 것이 더 맛있는가 하는 질문은 우문(a stupid question)입니다. 과일(fruit)도 제각각 비교할 수 없는 고유의 맛과 향이 있는데 우리야 두말할 필요가 없지요. 우리는 누가 뭐래도 천상천하(天上天下) 유아독존(唯我獨尊)인 존재입니다(very special in the universe). 여러분만의 매력(charm)과 개성(individuality)과 재능(talent)을 발견하고 갈고 닦으세요(cultivate them).

Answers & Translation

속담 씨앗

잔디는 항상 울타리 건너편에서 ❓ .

뒤뜰에 잔디가 있는 집에서 산다고 상상해 보세요. 옆집에도 같은 종류의 잔디가 있습니다. 그런데 옆집 잔디가 항상 더 좋아 보입니다.
잔디는 푸를 때 좋아 보입니다. 그렇지 않나요? 그러면 _____ 때 더 좋아 보이겠죠.
속담을 완성하고 적어 볼까요?

❶ The grass is always <u>greener</u> on the other side of the fence.

우리말로 무슨 뜻일까요?

❷ 울타리 너머에 있는 잔디가 항상 더 푸르다.

속담 줄기

같은 뜻의 우리 속담은 뭘까요? 잔디 대신 먹을 것을 언급합니다.

❸ 남의 떡이 더 크다.

아기 예수님과 성모 마리아를 기쁘게 했던 작은 소년 이야기를 들려주겠습니다.
아기 예수님이 태어났을 때 온 마을 사람들이 신이 나서 예수님을 만나서 선물을 드리기 위해 긴 줄을 섰습니다. 북 치는 작은 소년도 그 소식을 듣고 예수님을 만나고 싶었습니다. 그런데 그 아이는 너무 가난했습니다. 가진 거라곤 양치기할 때 쓰는 오래되고 낡은 북 하나밖에 없었습니다. 여러분이 소년이라면 어떻게 하겠습니까?

❹ Ex) If I were the boy, I would give the drum because it was the most precious thing I had. (내가 그 소년이라면 북을 선물로 드릴 겁니다. 왜냐하면 북은 내가 가지고 있는 것 중 제일 귀중한 것이기 때문입니다.)

그 소년은 선물로 북을 연주했습니다.
파 럼 펌펌펌
럼 펌펌펌
성모 마리아와 예수님은 그의 연주를 정말 좋아했습니다. 왜일까요?
그 소년은 매일 북을 쳤기 때문에 북을 아주 잘 쳤습니다. 자신이 제일 잘하는 것을 했던 거지요.

속담 열매

다른 사람들이 항상 여러분보다 더 나은 것처럼 보입니다. 어떤 이는 '금수저' 출신이고 어떤 이는 타고난 재능의 은혜를 입었고 또 어떤 사람은 행운이 늘 따르는 것처럼 보입니다.
하지만 여러분이 다른 사람들보다 더 뛰어나고 싶죠, 그렇죠?
비교를 멈추세요. 비교하면 지는 겁니다. 헤밍웨이가 말했듯이 '우리는 패배하기 위해 태어나지 않았습니다.'
자기만의 방식으로, 즉 웃기, 청소하기, 낙서하기, 농담하기, 걷기, 먹기 등, 어떤 것으로든 최고가 되세요. **자신만의 북을 찾아서 당당하게 연주하세요.**
속담을 암송하고 적어 보세요.

❺ The grass is always greener on the other side of the fence.

1. Play Your Drum

The foolish man seeks happiness in the distance.
The wise grows it under his feet.
- James Oppenheim, writer

바보는 멀리서 행복을 찾습니다.
현명한 사람은 발 아래에 행복을 기릅니다.
- 제임스 오펜하임, 작가

2. Where Is My Blue Bird?
나의 파랑새는 어디에 있을까요?

다른 사람에게는 친절하면서 가족과 친구에게는 그렇지 않을 때가 많습니다. 하지만 곤경에 처했을 때, 제일 먼저 나를 도와줄 사람들은 바로 내 곁에 있는 사람들입니다. 먼 곳을 바라보던 시선을 거두고 여러분 곁을 둘러보세요.

A bird in the ⟨?⟩ is worth two in the bush.

Look at the sentence closely. Two phrases are connected by "is worth."

A  in the _____ = two 🐦🐦 in the bush.

A "bush" is a plant smaller than a tree but has a lot of branches.

You've just caught a bird. Where is the bird? It's in your _____.

Please complete the proverb.

1.

What does the proverb mean in Korean?

🦋 **be worth** ~의 가치가 있다 **bush** 관목 **sentence** 문장 **closely** 자세히 **phrase** 구(낱말 두 개 이상으로 이루어진 문장 성분) **connect** 연결하다 **a lot of** 많은 **branch** 가지 **caught** catch(잡다)의 과거

Here is a story about a boy.

He caught a small bird in a forest. On his way back, he saw two big birds in the bush. The boy wanted to catch them, too. So he put the small bird on the ground, and crawled to the big birds. At the moment he was about to reach the birds, they flew away. When he turned around, the small bird was gone too. He returned home with nothing and murmured, "A bird in my hand is worth two in the bush."

What is the matching Korean proverb?

🍃 **forest** 숲 **on one's way back** 돌아오는 길에 **ground** 땅 **crawl** 기다, 기어가다 **at the moment** 그 순간 **be about to** 막 ~하려는 참이다 **reach** ~에 닿다 **flew** fly(날다)의 과거 **turn around** 돌아서다 **return** 돌아오다 **murmur** 중얼거리다

Now, let's play a game.

A B C D E F G H I J K L M N O P Q R S T U V W X Y Z
represents 1 2 3 4 5 6 7 8 9 10 11 12 13 14 15 16 17 18 19 20 21 22 23 24 25 26 respectively.

A	B	C	D	E	F	G	H	I	J	K	L	M	N	O	P	Q	R	S	T	U	V	W	X	Y	Z
1	2	3	4	5	6	7	8	9	10	11	12	13	14	15	16	17	18	19	20	21	22	23	24	25	26

Think a word and add numbers corresponding to each letter. The goal is to find the word which makes 100 by adding the numbers.

For example, "love" is L(12) + O(15) + V(22) + E(5) = 54.

First try your favorite words and add up numbers.

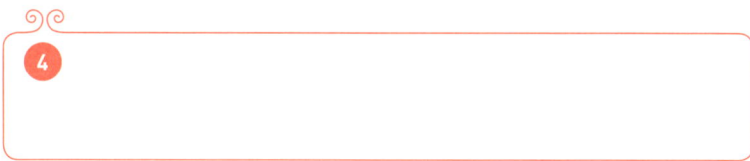

Did you by any chance find the word making 100? Let me tell you one. 1 + 20 + 20 + 9 + 20 + 21 + 4 + 5 = 100. Please write letters corresponding to each number. What is it?

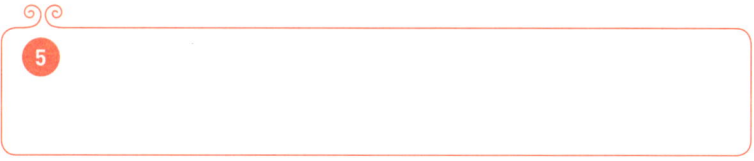

Attitude is how you think and feel about something. The game tells us that "attitude" can make your life 100%.

Think about what the bird in the hand can stand for. It may be your parents, siblings, or friends. It may be your old smartphone, small saving, or humble room. What is your attitude towards the bird in your hands? Do you love and thank it?

"**Happiness doesn't depend on what we have, but it does depend on how we feel toward what we have.**"*

* 미국의 정치가이자 언론인이었던 William D. Hoard(윌리엄 D. 호드)가 한 말.

Please recite the proverb and put it down.

6

🌿 **represent** 나타내다 **respectively** 각각 **add up** 더하다, 합산하다 **corresponding to** ~에 해당하는 **letter** 글자 **goal** 목표 **favorite** 좋아하는 **by any chance** 만일, 혹시라도 **attitude** 태도 **stand for** ~을 나타내다, 의미하다 **parents** 부모 **sibling** 형제자매 **saving** 저축금 **humble** 초라한 **toward(s)** ~에 대한 **happiness** 행복 **depend on** ~에 달려 있다 **put down** 적다

ONE POINT LESSON

파랑새(the Blue Bird)를 찾아 헤매는(chase for) 틸틸(Tyltyl)과 미틸(Mytyl)의 이야기를 떠올려 보세요. 크리스마스(Christmas) 휴일에 다른 가족들처럼 행복하지 않다고 우울해하며 행복을 가져다주는 (bring happiness) 파랑새를 찾아 나섰던 그 남매들은 결국 자신들이 키우던 노란 새(their yellow bird)가 파랑새였음을 발견합니다. 보물은 언제나 먼 곳이 아닌 바로 자신의 발 밑에 있습니다(just under your feet).

Answers & Translation

속담 씨앗

A bird in the [?] is worth two in the bush.

문장을 자세히 보세요. 두 구문이 'is worth'로 연결되어 있습니다.
_____에 있는 새 = 수풀 속에 있는 새
'bush'는 나무보다 작지만 가지가 많은 식물(덤불)입니다.
여러분이 이제 막 새 한 마리를 잡았습니다. 새는 어디에 있나요? 여러분의 _____에 있을 겁니다.
속담을 완성하고 적어 보세요.

① A bird in the <u>hand</u> is worth two in the bush.

우리말 뜻은 무엇인가요?

② 내 손안에 있는 새 한 마리가 덤불 속에 있는 두 마리와 맞먹는다(더 낫다).

속담 줄기

한 소년의 이야기를 할까 합니다.
소년은 숲에서 작은 새 한 마리를 잡았습니다. 돌아오는 길에 덤불에서 큰 새 두 마리를 봤습니다. 그 소년은 그 새들도 잡고 싶었습니다. 그래서 작은 새를 땅에 내려놓고 큰 새들을 향해 기어갔습니다. 새들을 잡으려는 순간, 날아가 버렸습니다. 돌아보니 작은 새도 없어졌습니다. 소년은 빈손으로 집에 돌아오면서 중얼거렸습니다. "내 손안에 있는 새 한 마리가 덤불 속에 있는 두 마리보다 낫구나."
같은 뜻의 우리 속담은 무엇일까요?

③ 남의 집 금송아지가 우리 집 송아지만 못하다.

속담 열매

이제, 게임을 하나 하겠습니다.
A~Z는 각각 숫자 1~26을 의미합니다.
단어 하나를 생각해서 각 글자에 해당하는 숫자들을 합해 보세요. 게임의 목표는 숫자를 더해서 합이 100이 되는 단어를 찾는 겁니다. 예를 들어 'love'는 L(12) + O(15) + V(22) + E(5) = 54 입니다.
먼저 좋아하는 단어들을 적고 숫자를 더해 보세요.

④ Ex) money: M(13) + O(15) + N(14) + E(5) + Y(25) = 72
leadership: L(12) + E(5) + A(1) + D(4) + E(5) + R(18) + S(19) + H(8) + I(9) + P(16) = 97

혹시 합이 100이 되는 단어를 찾았나요? 하나 알려 드리죠. 1 + 20 + 20 + 9 + 20 + 21 + 4 + 5 = 100. 각 숫자에 해당하는 글자를 찾아서 적어 보세요. 무슨 단어가 나오나요?

⑤ attitude

'attitude(태도)'는 무언가에 대해 여러분이 어떻게 생각하고 느끼는가 하는 것입니다. 이 게임은 태도야말로 우리의 인생을 100%로 만들어 줄 수 있다고 말하고 있습니다.
내 손안의 새가 무엇을 나타낼 수 있을지 생각해 보세요. 아마 부모, 형제자매, 친구일 겁니다. 어쩌면 나의 오래된 스마트폰이나 얼마 안 되는 저금, 초라한 방일지도 모릅니다. 손안의 새에 대한 여러분의 태도는 어떤가요? 그것을 사랑하고 감사히 여기나요?
'**행복은 우리가 가지고 있는 것이 아닌, 우리가 가지고 있는 것에 대해 어떻게 느끼는가에 달렸습니다.**'
속담을 암송하고 적어 보세요.

⑥ A bird in the hand is worth two in the bush.

2. Where Is My Blue Bird?

Anyone who keeps the ability to see beauty
never grows old.
- Franz Kafka, novelist

언제나 아름다움을 볼 수 있는 능력을 지닌 사람은
절대 나이 먹지 않습니다.
- 프란츠 카프카, 소설가

3 You Are Beautiful
당신은 아름답습니다

'예쁘다', '멋있다' 같은 말을 들으면 기분이 좋지요? 설령 듣기 좋으라고 하는 빈말이라도 말이에요. 인정받고 칭찬을 듣고 싶어서 많은 사람들이 외모에 집착하는지도 모르겠습니다. 그런데 예쁘다는 기준은 도대체 뭘까요?

Beauty is in the of the beholder.

To fill in the blank, let's picture a famous scene from the Bible. Moses came down from Mount Sinai and held up Tablets of Stone with Ten Commandments* before people shouting, "Behold!"

* 성경에 의하면 하느님은 시나이 산에서 선지자 (prophet) 모세에게 십계명 돌판을 주었다.

What does "behold" mean?

It is an old English word meaning "see." A "beholder" is a person who sees.

To put the proverb in another way, "Beauty is in the _____ of the person who sees." With what do you see?

Can you complete the proverb?

What does the proverb mean in Korean?

②

🦋 **beauty** 아름다움 **behold** 보다 **beholder** 보는 사람 **fill in the blank** 빈칸을 채우다 **picture** 그리다 **scene** 장면 **the Bible** 성경 **Moses** 모세 **Mount Sinai** 시나이산 **hold up** 높이 들다 **tablet of stone** 돌판 **Ten Commandments** 십계명(모세가 여호와에게서 받은 10개조의 계율) **put ~ in another way** ~을 다른 말로 바꾸다

Now let's find out the matching Korean proverb.

If you are wearing glasses, can you see well with someone else's? No, it's because the lenses are not for your eyes.

The Korean proverb talks about this situation. Can you figure it out?

3. You Are Beautiful

What do the both English and Korean proverbs tell us?

What are your thoughts about beauty?

Many ancient philosophers believed beauty should be perfect and unchangeable. They thought it could be given by strict order and proportion.

But the proverb shows ordinary people don't agree to them. They believe beauty depends on the eye of the beholder.

❤ **wear** 입다, 쓰다 **glasses** 안경 **lens** 렌즈 **situation** 상황 **figure out** 알아내다 **thought** 생각, 의견 **ancient** 고대의 **philosopher** 철학자 **believe** 믿다 **perfect** 완벽한 **unchangeable** 불변하는 **strict** 엄격한 **order** 질서 **proportion** 비례 **ordinary** 평범한 **agree** 동의하다 **depend on** ~에 달려 있다

Let's Reap the Proverb

Everybody wants to look beautiful to others. Why? It's because we want to be loved.

But you are loved by many right now. That means you are already beautiful to them. I can prove it now.

Ask Mom, Dad, grandparents or your girlfriend or boyfriend how you look. What they say is true even though it is called the love-is-blind bias.

The point is that you are beautiful in your way.

Do you want to get more love? Then let's think about how to make more people like you. Can you write your ideas here? Writing in Korean is okay.

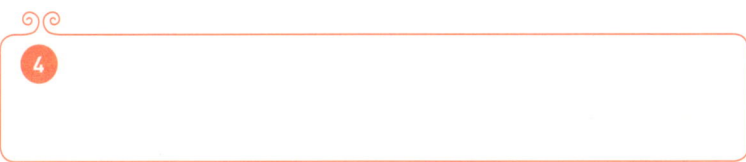

4

Confucius said, "Everything has beauty, but not everyone

sees it." Beauty is not a matter of being or not, but a matter of seeing or not. **You are beautiful just the way you are.** Let your beauty shine in its way.

Please recite the proverb and write it down.

right now 지금 already 이미 prove 증명하다 grandparents 조부모 true 진실한 even though 비록 ~일지라도 love-is-blind bias 사랑하면 눈에 콩깍지가 씌어 상대방의 결점이 안 보이는 현상 point 핵심 Confucius 공자(중국 춘추시대의 사상가) matter of being or not 있느냐 없느냐 하는 문제 just the way you are 네 모습 그대로, 당신 자체만으로 shy 부끄러워하는 shine 빛나다

ONE POINT LESSON

사랑받는 사람이 되고 싶다면, 외모 꾸미기(taking care of your appearance)에 신경 쓰느라 인상 쓰는 것(frowning)보다 밝은 미소를 짓는 편(wearing a bright smile)이 더 유리하지 않을까요(more helpful)? 여러분의 아름다움을 빛낼 수많은 방법을 찾아보세요(Discover lots of ways to sparkle your beauty).

Answers & Translation

속담 씨앗

Beauty is in the ⬜? of the beholder.
빈칸을 채우기 위해 성경에 나오는 한 유명한 장면을 떠올려 봅시다. 모세가 시나이산에서 내려와 십계명이 적힌 돌을 사람들에게 높이 치켜들면서 "Behold!"라고 소리치는 장면입니다.
'behold'가 무슨 뜻일까요?
'behold'는 '보다(see)'의 옛말입니다. 'beholder'는 보는 사람을 말하겠죠.
속담을 다른 말로 바꾸면 '아름다움은 보는 사람의 _____ 에 있다.'가 됩니다. 무엇으로 보나요? 속담을 완성하고 적어 볼까요?

❶ Beauty is in the eye of the beholder.

우리말로 무슨 뜻일까요?

❷ 아름다움은 보는 사람의 눈에 있다.

속담 줄기

이제 같은 뜻을 가진 우리 속담을 찾아봅시다.
여러분이 안경을 쓰고 있다면 다른 사람의 안경을 썼을 때 잘 보이나요? 아닐 겁니다. 렌즈가 눈에 안 맞으니까요.
우리 속담은 이런 상황을 이야기하고 있습니다. 속담이 뭔지 알겠어요?

❸ 제 눈에 안경

영어 속담과 우리 속담은 무엇을 말하고 있는 걸까요?
여러분은 아름다움에 대해 어떻게 생각하나요?
많은 고대 철학자들은 아름다움은 완벽하고 변하지 않아야 한다고 믿었습니다. 그들은 엄격한 질서와 비례를 통해 아름다움을 얻을 수 있다고 생각했지요.
하지만 보통 사람들은 철학자들과 생각이 같지 않음을 속담이 말해 줍니다. 아름다움은 보는 사람의 눈이 결정한다고 믿습니다.

속담 열매

모든 사람은 다른 사람들에게 아름답게 보이고 싶어 합니다. 왜 그럴까요? 사랑받고 싶기 때문입니다.
하지만 여러분은 지금도 많은 사람들에게 사랑받고 있습니다. 여러분은 그들에게 이미 아름다운 존재입니다. 지금 바로 증명할 수 있습니다.
엄마, 아빠, 할머니, 할아버지 또는 여자 친구나 남자 친구에게 여러분이 어떻게 보이는지 물어보세요. 그들이 하는 말은 진심입니다. 비록 사랑 때문에 눈에 콩깍지가 씌었다고 할지언정 말입니다.
핵심은 여러분은 자신만의 방식으로 아름답다는 겁니다.
더 많은 사랑을 받고 싶나요? 그럼 더 많은 사람들이 어떻게 하면 여러분을 좋아하게 할 수 있을까 생각해 보세요. 여기 적어 볼까요? 한국어로 써도 괜찮습니다.

❹ Ex) Smile often and say soft words. (많이 웃고 고운 말 쓰기), **Be kind and nice to others.** (친절하고 온화하게 대하기), **Help people in trouble.** (곤경에 빠진 사람 도와주기), **Be a fair player playing sports or games.** (운동 경기나 게임할 때 페어플레이 하기)

공자님은 "모든 것에는 아름다움이 있다. 하지만 모든 사람이 그 아름다움을 보는 건 아니다." 라고 하셨습니다. 아름다움은 있고 없고의 문제가 아니라 볼 수 있느냐 못 보느냐의 문제입니다.
여러분은 있는 그대로 충분히 아름답습니다. 자신의 아름다움을 자신의 방식대로 빛내세요.
속담을 암송하고 적어 보세요.

❺ Beauty is in the eye of the beholder.

3. You Are Beautiful

The higher your energy level,
the more efficient your body.
The more efficient your body,
the better you feel and the more you will use your talent
to produce outstanding results.
- Tony Robbins, businessman and author

여러분의 에너지 레벨이 올라갈수록
몸은 더 능률적으로 움직이고
몸이 더 능률적으로 움직일수록
기분이 더 좋아지고 재능을 더 많이 활용할 수 있게 되어
뛰어난 성과를 낼 수 있습니다.
- 토니 로빈스, 기업가 · 작가

4 Listen to Your Body
자신의 몸에 귀를 기울이세요

아침에 세수한 뒤, 거울에 비친 자신을 보면서 "왜 이렇게 멋져!"하며 황홀해한 적이 있나요? 스스로에게 한 말이지만 그런 칭찬을 받으면 온몸의 세포들이 진짜 멋져 보이려고 활기차게 움직입니다. 신이 난 세포들 덕분에 기분까지 덩달아 좋아지지요. 몸이 기쁘면 마음도 즐거워진답니다.

A sound mind in a sound .

"Sound" has a lot of meanings. Here, it means healthy.

To put the proverb in another way, "A healthy mind is in a healthy _____."

Where do you think your mind live? You do yoga to keep your _____ healthy.

Can you complete the proverb?

What does the proverb mean in Korean?

sound 건전한, 건강한 mind 정신, 마음 meaning 의미 healthy 건강한 to put ~ in another way ~을 다르게 표현하면 do yoga 요가를 하다 keep ~ healthy ~을 건강하게 유지시키다

The proverb says that a healthy mind resides in a healthy body. A body is a place for a mind. Do you agree with this?

The ancient Greek believed a healthy body was very important to keep your mind healthy. So they held the Olympic Games to develop people's physical abilities. It's known that during the games, all battles were stopped.

When you get ill or hurt, you can neither eat well nor do what you want to. This brings you down. Then your sullen mind makes your body heavy and limp and hampers a recovery of your body after the pain is gone. Mind and body are on the Mobius strip. They are one-sided.

In your daily life, how do you keep your body healthy? Writing in Korean is all right.

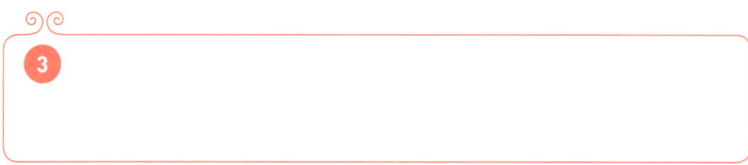

🌿 reside 거주하다 place 장소 agree 동의하다 ancient 고대의 Greek 그리스의 important 중요한 held hold(열다)의 과거 the Olympic Games 올림픽 경기 develop 개발하다, 발전시키다 physical ability 신체적인 능력 during ~하는 동안 battle 전투 ill 아픈, 병든 hurt 다친 neither A nor B A도 B도 아닌 bring someone down ~을 기운 빠지게 하다 sullen 우울한 heavy 무거운 limp 기운이 없는 hamper 방해하다 recovery 회복 pain 고통 Mobius strip 뫼비우스 띠 one-sided 한 면만 있는 daily life 일상생활

Our body with myriads of living cells gives us warnings before it falls in big trouble. Nothing happens out of the blue. Listen to your body and read its signals.

And say thank you to your body every day.

Be thankful to your teeth and gum when you brush teeth. Be grateful to your legs and feet when you wash them. Thank your hair when you brush your hair.

Compliment your hands and fingers when you apply hand cream. You can come up with many other ways to cheer up your body.

Our body is the temple of our mind. Take care of your temple all the time.

Can you recite the proverb and write it down?

myriads of 무수히 많은 **cell** 세포 **warning** 경고 **fall in trouble** 곤경에 처하다 **happen** 발생하다 **out of the blue** 난데없이, 갑자기 **signal** 신호 **thankful** 고맙게 생각하는 **teeth** tooth(이)의 복수 **gum** 잇몸 **brush** 닦다, 빗다 **grateful** 감사하는 **leg** 다리 **feet** foot(발)의 복수 **compliment** 칭찬하다 **finger** 손가락 **apply hand cream** 핸드크림을 바르다 **come up with** ~을 생각해 내다 **cheer up** 기운을 북돋다 **temple** 성소 **take care of** ~을 돌보다 **all the time** 항상

ONE POINT LESSON

여러분의 몸과 마음이 항상 합심하게 하세요(make sure that your body and mind are on the same page). 매일매일 자신의 몸에 귀 기울이고(listen to your body), 소통하고(communicate with it), 고마워하세요(be thankful). 행복한 마음(a happy mind)은 건강한 몸(a healthy body)과 늘 함께합니다.

Answers & Translation

속담 씨앗

A sound mind in a sound ❓ .
'sound'에는 많은 뜻이 있습니다. 여기에서는 '건강한'이라는 의미입니다.
다른 말로 하면 '건강한 정신은 건강한 _____ 에 있습니다.'이지요.
정신이 어디에 산다고 생각하나요?
여러분은 _____ 을 건강하게 유지시키려고 요가를 합니다.
속담을 완성하고 적어 볼까요?

❶ A sound mind in a sound body.

우리말로 무슨 뜻일까요?

❷ 건강한 신체에 건강한 정신이 깃든다.

속담 줄기

속담이 말하길 건전한 정신은 건강한 신체 안에 산다고 합니다. 우리의 몸은 우리의 정신이 사는 곳입니다. 여러분도 그렇게 생각하나요?
고대 그리스 사람들은 건전한 정신을 유지하기 위해서 건강한 몸이 굉장히 중요하다고 믿었습니다. 그래서 신체 능력을 발달시키기 위해 올림픽 경기를 열었는데, 경기를 하는 동안에는 모든 전투도 멈췄다고 합니다.
병들거나 다쳤을 때 잘 먹지도 못하고, 하고 싶은 것도 못합니다. 그러면 기운이 빠집니다. 이런 우울한 마음이 몸을 무겁고 축 처지게 합니다. 그리고 고통이 사라진 뒤에도 몸이 회복되는 것을 방해하지요.

마음과 몸은 뫼비우스의 띠입니다. 모두 한 면에 같이 있습니다.
일상생활에서 건강을 지키기 위해 무슨 일을 하나요? 우리말로 적어도 괜찮습니다.

❸ Ex) I eat healthy food. (건강한 음식 먹기) /
I don't eat junk food. (인스턴트 음식 안 먹기) /
I go to bed early. (일찍 자기) /
I don't use a smart phone for a long time. (스마트폰 오래 사용하지 않기) /
I walk a lot every day. (매일 많이 걷기)

속담 열매

수많은 살아 있는 세포로 이루어진 우리 몸은 큰 문제를 일으키기 전에 미리 경고를 보냅니다. 마른 하늘에 날벼락처럼 난데없이 일어나는 일은 없습니다. 몸에 귀를 잘 기울이고 신호를 읽으세요.
그리고 우리 몸에게 매일 '고맙다'고 인사하세요.
이를 닦을 때, 이와 잇몸에게 고마워하세요. 다리와 발을 씻을 때 감사해하고, 머리를 빗을 때 머리카락에 고마워하세요. 핸드크림을 바를 때, 손과 손가락을 칭찬해 주세요. 몸을 격려해 주는 다른 많은 방법들을 생각할 수 있습니다.
우리 몸은 정신의 성소입니다. 항상 성소를 잘 돌봐 주세요.
속담을 암송하고 적어 볼까요?

❹ A sound mind in a sound body.

May the stars carry your sadness away,
May the flowers fill your heart with beauty,
May hope forever wipe away your tears,
And, above all, may silence make you strong.
- Chief Dan George, Native American chief

별들이 당신의 슬픔을 앗아가게 하고
꽃들이 당신의 마음을 아름다움으로 가득 차게 하고
희망이 항상 당신의 눈물을 씻어 주게 하고
무엇보다도, 침묵이 당신을 강하게 하라.
— 댄 조지, 북미 원주민(인디언) 추장

5. Keep Your Mind Still
마음을 고요하게

축구 경기를 볼 때 할리우드 액션 때문에 눈살을 찌푸린 적이 있나요? 할리우드 액션이란, 상대 선수가 반칙을 한 것처럼 일부러 과장되게 넘어져 심판을 속이려는 행동을 말합니다. 교묘히 진심을 감추려는 것이지요. 일상생활에서도 다른 사람의 진심은 물론 때로는 자신의 진심조차 알기 쉽지 않을 때가 많습니다. 그럼 진실한 마음의 소리를 들으려면 어떻게 해야 할까요?

Still water runs [?].

What kind of water is "still water?"

What about a babbling brook? No. It's noisy.
What about a waterfall? No. It's wild.
What about a river? Yes. It's silent.
What about the ocean? Yes. It's peaceful.

Then how does the river or ocean water run?

It is the opposite of "shallowly" and starts with *d*.

Can you complete the proverb?

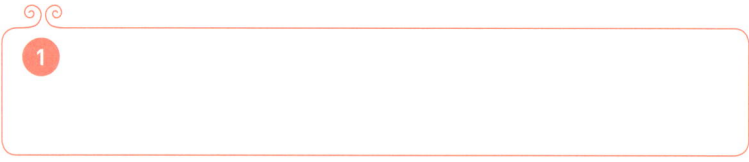

What does the proverb mean in Korean?

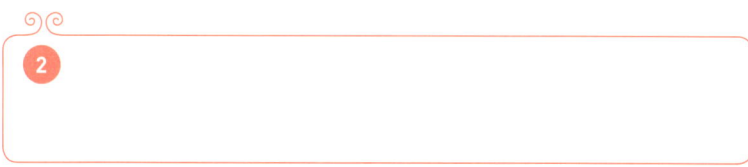

still 조용한 **kind** 종류 **what about ~?** ~는 어때? **babbling brook** 졸졸 흐르는 개울 **noisy** 시끄러운 **waterfall** 폭포 **wild** 거친 **river** 강 **silent** 고요한 **ocean** 대양 **peaceful** 평화로운 **opposite** 반대의 **shallowly** 얕게

Deep water runs silently.

Let's figure out the matching Korean saying. It says something empty makes such a noise.

Look around you. Do you see any person who is like "still water?" Describe the person who is like "still water." Writing in Korean is okay.

Do you think you are "still water?"

If you say, "Yes, I am," you are definitely not. "Still water" never brags about its depth.

As something gets deeper, it makes less noise.

deep 깊은 silently 조용하게 saying 속담, 격언 empty 텅 빈 noise 소란, 시끄러움 look around 주위를 둘러보다 definitely 단연코 brag out 떠벌리다, 자랑하다 depth 깊이(deep의 명사형) less 더 적은(little의 비교급)

SILENT

Please scramble the letters of "silent" and make another word starting with *L*.

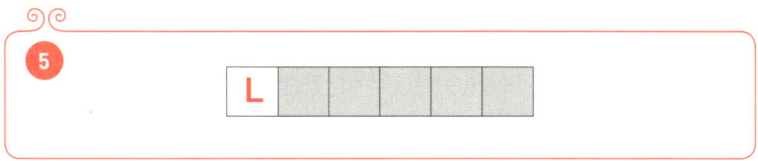

"Listen" and "silent" are twins from the same parents. In order to listen to something, we need to be silent. When we are silent inside and listen to ourselves, we can examine what we've spoken and done.

Socrates said, "The unexamined life is not worth living."

Our mind runs like water. When it is busy and noisy, it cannot rest. As sleep recharges us, silence gives us power to be wise and creative.

Shut yourself off from the world and examine inside on and off.

Now will you recite the proverb quietly and write it down?

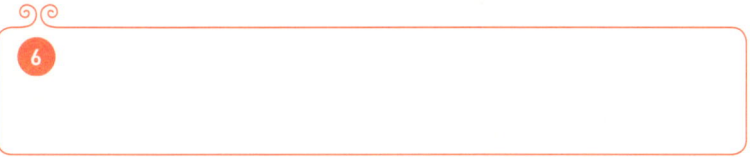

scramble 뒤죽박죽으로 섞다 **letter** 글자 **twin** 쌍둥이 **in order to** ~하기 위해서 **listen to** ~에 귀 기울이다 **inside** 안에서 **examine** 관찰하다, 성찰하다 **spoken** speak(말하다) 과거분사 **Socrates** 소크라테스 **unexamined** 성찰하지 않은 **be worth -ing** ~할 가치가 있다 **busy** 바쁜 **noisy** 시끄러운 **rest** 쉬다 **recharge** 재충전하다 **wise** 현명한 **creative** 창조적인 **shut ~ off** ~을 차단시키다 **on and off** 때때로 **quietly** 조용하게

ONE POINT LESSON

때때로 마음을 가라앉히고(calm down your mind) 자신에게 귀를 기울이는(listen to yourself) 시간을 가지세요. 마음이 평온해지면 (with tranquil mind), 생각이 깊어지고 성찰할 수 있습니다(examine yourself). 그리고 문제를 해결할 수 있는 창의적인 생각(creative ideas) 을 만날 수 있습니다.

Answers & Translation

속담 씨앗

Still water runs ❓ .

어떤 종류의 물이 'still water'일까요?
졸졸 흐르는 개울물은 어떤가요? 아니요, 너무 시끄럽습니다.
폭포는 어떤가요? 아니요, 너무 거칩니다.
강물은 어떤가요? 네, 조용합니다.
대양은 어떤가요? 네, 평화롭습니다.
그럼 강물이나 바닷물은 어떻게 흐르나요?
'얕게'의 반대말이고 'd'로 시작합니다.
속담을 완성할 수 있나요?

> ❶ Still water runs deep.

우리말로 무슨 뜻일까요?

> ❷ 조용한 물은 깊게 흐른다(깊은 물은 고요히 흐른다).

속담 줄기

깊은 물은 조용히 흐릅니다.
같은 뜻을 지닌 우리 속담을 찾아봅시다. 빈 것이 시끄럽죠.

> ❸ 빈 수레가 요란하다.

주위를 둘러보세요. 조용한 물 같은 사람이 있나요? '조용한 물' 같은 사람을 묘사해 보세요. 우리말로 써도 됩니다.

> ❹ Ex) A person like still water does not overact nor talk too much. She or he saves words and is good at listening to others. (조용한 물과 같은 사람은 행동이 과하지 않고 말을 많이 하지도 않습니다. 말을 아끼고 다른 사람의 말을 경청합니다.)

자신이 '조용한 물'이라고 생각하나요?
만약 "네, 그래요."라고 대답하면 확실히 그렇지 않은 겁니다. '조용한 물'은 결코 자신의 깊이를 자랑하지 않으니까요.
깊어질수록 소리는 점점 잦아듭니다.

속담 열매

SILENT
'silent'의 글자를 마구 섞어서 'L'로 시작하는 다른 단어를 만들어 보세요.

> ❺ LISTEN

'듣다(listen)'와 '조용한(silent)'은 같은 부모에게서 나온 쌍둥이입니다. 무언가를 잘 들으려면 조용히 해야 합니다. 우리가 내면에서 침묵을 지키고 자신에게 귀를 기울이면 우리가 했던 말과 행동을 돌아볼 수 있습니다.
소크라테스는 "성찰하지 않는 삶은 살 가치가 없다."라고 했습니다.
우리 마음은 물처럼 흘러갑니다. 마음이 바쁘고 시끄러우면 쉴 수가 없지요. 잠이 우리를 재충전해 주듯이, 침묵은 우리의 마음이 지혜롭고 창의적이 될 수 있도록 힘을 줍니다.
때때로 자신을 세상과 차단시키고 내면을 성찰하세요.
이제 조용하게 속담을 암송하고 적어 볼까요?

> ❻ Still water runs deep.

*W*hen you start something, dozens of reasons
you're not likely to make it
will come to your mind.
Make a firm determination first
and hit the road.
If the road is tough and boring or turns out to be a dead end,
which makes you turn around,
the road you walk on
is brining you closer to your destination.

무언가를 시작하려고 할 때, 끝까지 해 낼 수 없을 것 같은
수십 가지의 이유가 떠오를 겁니다.
먼저 결심부터 단단히 하세요.
그리고 길을 떠납니다.
험하고 재미없는 길이든 막다른 길이라 돌아가야 하든
걷고 있는 그 길이
목적지 가까이로 데려다 줍니다.

Nothing in life is easy. But that's no reason to give up.
You'll be surprised what you can accomplish
if you set your mind to it.

- Louis Sachar, *Holes*

인생에서 쉬운 일은 없습니다. 하지만 그것이 포기할 이유는 아니죠.
마음만 먹는다면 여러분이 성취할 수 있는 것에 깜짝 놀랄 겁니다.

- 루이스 새커, 〈구덩이〉

6 Decide What You Want
원하는 것을 결정하세요

불교의 금강경에 '심상사성(心想事成)'이라는 말이 나옵니다. '마음먹기에 따라 무슨 일이든 할 수 있다.'는 뜻이지요. 바라고 바라면 이루어진다는 것을 믿으려면, 먼저 무언가를 바라는 마음을 가져야 합니다. 마음먹을 준비가 됐나요?

Let's Sow the Proverb

Where there's a will, there's a [?].

It starts with "where" but it is not a question. Here, "where" means the place.*

* where은 여기서 관계대명사와 접속사의 구실을 동시에 하는 관계부사로 in the place which, 즉 '~하는 곳'이라고 해석한다.

Then what does "will" mean? You often use "will" in the future sentences such as "I will watch a movie this weekend." But "will" is used differently, here. Do you see "a" before it?

"A" is an article and sits before nouns. That means "will" is a noun. Its meaning is the determination to do something.

In the place there's a determination, there's a _____.

_____ has the same beginning sound of "will" and means a method.

Can you complete the proverb?

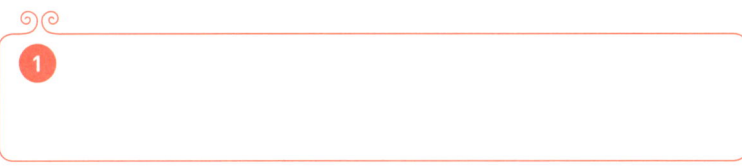

What does the proverb mean in Korean?

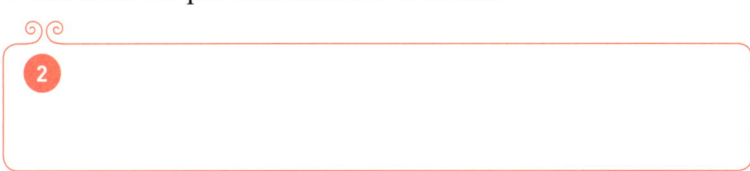

🍃 will 의지 start 시작하다 question 의문문 place 장소 often 종종 future sentence 미래시제 문장 such as ~와 같은 movie 영화 weekend 주말 differently 다르게 before 앞에 article 관사 noun 명사 determination 투지, 의지 beginning sound 첫소리 method 방법

Do you like the *Mission Impossible* series?*

In the movie, Ethan Hunt (starring Tom Cruise) always encounters impossible

* '미션 임파서블(Mission Impossible)'은 톰 크루즈(Tom Cruise)가 전직 첩보원인 이선 헌트(Ethan Hunt)로 등장하여 불가능해 보이는 임무를 수행하는 과정을 박진감 넘치게 그린 액션 시리즈 영화이다.

6. Decide What You Want **63**

missions. But he never fails to find ways to solve the problems. Do you remember what he said every time he was in big trouble?

"Desperate times,
 Desperate measures."

All he has to do is have a strong desire to solve the problem.

Can you figure out the matching Korean saying? It says if you desire something so strong, you can see it in your dreams.

mission 임무   impossible 불가능한   star 주연을 맡다   encounter 마주치다
never fail to 반드시 ~하다   solve 해결하다   in trouble 곤경에 빠져서   desperate 절박한
measure 조치   all he has to do is 그는 단지 ~하기만 하면 된다   desire 갈망; 원하다

When you have a strong desire, every bit of your body and mind starts to move in every direction to accomplish it.

Therefore the first thing you have to do is know what you want. Does it sound easy? Can you write down what you desire then?

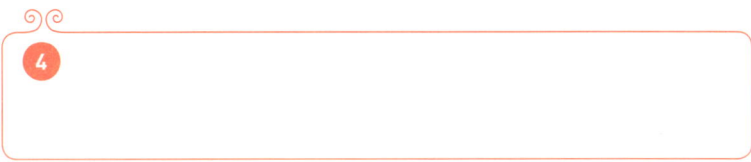

Decide what you want to do now.

As long as you hold your determination, you can come up with ways to achieve what you want, while you walk, eat, talk or even sleep.

Please recite the proverb and write it down.

🌱 **every bit of** (남김없이) 모두 **in every direction** 사방팔방으로 **accomplish** 달성하다 **therefore** 따라서 **exactly** 정확하게 **sound** ~처럼 들리다 **easy** 쉬운 **decide** 결심하다 **as long as** ~하는 한 **hold** 붙잡다 **come up with** ~을 생각해 내다 **achieve** 성취하다 **while** ~하는 동안

자신이 진짜 원하는 것이 무엇인지(what you really want) 정확히 안다는 것은 생각만큼 쉽지 않습니다. 간절히 원하는 것을 구체화 하세요(specify what you long for). 그럼 뜻밖의 좋은 생각이 떠오르고 (come across brilliant ideas), 운(luck)과 기회(chance)도 여러분 편이 되어 줄 것입니다(play for your side).

Answers & Translation

속담 씨앗

Where there's a will, there's a ❓.

이 문장은 'where(어디)'로 시작하고 있지만 의문문은 아닙니다. 여기서 'where'는 장소(~가 있는 곳)를 의미합니다.

그럼 'will'은 무슨 뜻일까요? '나는 이번 주말에 영화를 볼 겁니다.'와 같이 미래형 문장에 많이 쓰이지만 여기서는 다르게 쓰였습니다. 'will' 앞에 있는 'a'가 보이나요?

'a'는 관사로 명사 앞에 옵니다. 그럼 'will'이 명사라는 말이지요. 'will'의 의미는 무언가를 하고자 하는 강한 의지입니다.

의지가 있는 곳에 _____ 이 있다.

_____ 은 'will'과 첫소리가 같고 방법을 의미합니다.

속담을 완성할 수 있나요? 완성된 속담을 써 보세요.

① Where there's a will, there's a <u>way</u>.

우리말 뜻은 무엇일까요?

② 의지가 있으면 방법이 있다(뜻이 있는 곳에 길이 있다).

속담 줄기

'미션 임파서블' 시리즈를 좋아하나요?

영화 속에서 이선 헌트(톰 크루즈 주연)는 항상 불가능한 임무와 맞닥뜨리지만 문제를 해결할 수 있는 방법도 항상 찾습니다. 그가 큰 곤경에 처할 때마다 뭐라고 했는지 기억나나요?

'절박할 때에는 필사적인(극단의) 조치가 필요하다.'

그가 해야 할 일이라곤 문제를 해결하겠다는 강한 욕구를 가지는 것이었습니다.

같은 뜻을 가진 우리 속담을 알겠나요? 무언가를 강렬하게 원하면 꿈에서도 본다고 합니다.

③ 마음에 있으면 꿈에도 있다.

속담 열매

여러분이 무언가를 간절히 원하면 여러분의 몸과 마음의 모든 부분은 그것을 이루기 위해 할 수 있는 모든 방향으로 움직이기 시작합니다.

따라서 여러분이 제일 먼저 해야 할 일은 무엇을 원하는지 아는 겁니다. 쉬운 것 같아요? 그럼 원하는 것을 지금 적을 수 있나요?

④ Ex) I want to travel all over the world without any language problem. (세계 여기저기를 언어의 불편함 없이 여행하고 싶습니다.)

자신이 원하는 것을 정하세요.

확고한 의지를 꽉 쥐고 있는 한, 걷다가, 먹다가, 이야기를 하다가, 심지어 자는 동안에도 원하는 것을 이룰 수 있는 방법이 떠오를 수 있습니다.

속담을 암송하고 적어 보세요.

⑤ Where there's a will, there's a way.

Birds don't just fly, they fall down and get up.
Nobody learns without getting it wrong.
I won't give up, no I won't give in.
'Til I reach the end and then I'll start again.
No, I won't leave, I wanna try everything.
I wanna try even though I could fail.

- Shakira, "Try Everything" from *Zootopia*

새들은 그냥 나는 게 아니야, 아래로 떨어졌다 올라가는 거지.
어느 누구도 실수하지 않고 배울 수는 없어요.
난 포기하지 않을 거예요. 굴복하지도 않을 거예요.
끝까지 가 보고 다시 처음부터 시작할 거예요.
아니요, 난 떠나지 않을 거예요. 모든 것을 다 해 볼 거예요.
실패해도 해 보고 싶어요.

- 영화 '주토피아'에서 샤키라가 부른 '모두 다 해 볼 거예요'

1 Make a Mistake
실수를 합시다

실수하고 나서 기분 좋은 사람은 아무도 없을 것입니다. 하지만 실수를 안 하는 유일한 방법은 아무것도 하지 않는 것이라고 합니다. 새로운 것을 배울 때 실수하는 것은 잘못이 아니라 권리입니다. 실수를 두려워 마세요.

A cat in catches no mice.

What does a cat catch well? It's a mouse. A mouse increases to two mice, three mice… hundreds of mice.

Now look at "in" before _____. It is usually used before a location, but "in" here is used differently.

Did you watch the movie *Men in Black?** The main characters are called "men in black," because they are wearing black suits.

What does a cat wear? It is not a color like black but a clothing item. Please list what a cat can put on.

* 'Men in Black(맨 인 블랙, 검은 옷을 입 은 남자들)'은 윌 스미 스(Will Smith)와 토 미 리 존스(Tommy Lee Jones) 주연의 할 리우드(Hollywood) 영화로 검은 양복을 입은 요원 K와 J는 지 구에서 인간의 모습을 한 채 말썽을 일으키 는 외계인들을 찾아 체포하는 일을 한다.

When a cat catches mice, it uses hands. What can a cat wear on its hands?

Please complete the proverb.

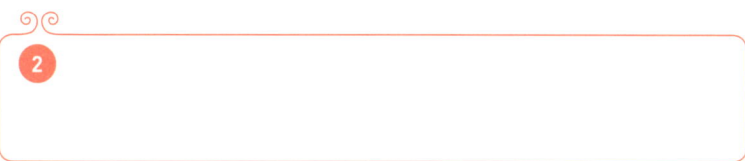

What does the proverb mean in Korean?

🦋 **catch** 잡다 **mice** 쥐들 (mouse의 복수형) **increase** 증가하다 **hundreds of** 수백의 **usually** 대개 **location** 장소, 위치 **differently** 다르게 **main character** 주인공 **wear** 입다, 끼다 **black suit** 검은색 양복 **not A but B** A가 아니라 B **clothing item** 의류품 **list** 나열하다 **put on** (옷을) 입다, (모자를) 쓰다, (장갑을) 끼다

Now, you might be curious about why the cat put on gloves.

7. Make a Mistake **71**

Put yourself in the cat's shoes. Before going to catch mice, the cat finds gloves first. Why? Writing in Korean is okay.

The cat may be very careful or delicate. It probably wants to keep its hands clean and safe. It may want to catch a mouse better than any other cats. Anyway the result is no mice in its hands.

Can you figure out the matching Korean proverb? We catch a big cat not a mouse.

curious about ~에 대해 궁금해하는 gloves 장갑 put yourself in someone's shoes 다른 사람의 신발을 신다, 즉 입장 바꿔 생각해 보다 careful 주의 깊은 delicate 섬세한, 까다로운 probably 아마도 clean 깨끗한 safe 안전한 anyway 어쨌든 result 결과 big cat 호랑이, 대형 고양이과 동물

Let's Reap the Proverb

Imagine you meet a foreigner. If you intended to speak English perfectly and fluently, you would not say a word.

The big hit movie *Zootopia** has a charming song "Try Everything."

*I'll keep on making those new mistakes,
I'll keep on making them every day.*

Making the same mistake again and again is stupid. But why not make new mistakes?

* 'Zootopia(주토피아)'는 디즈니에서 만든 만화영화로 토끼에 대한 편견을 깨고 경찰이 된 주디(Judy)가 여우에 대한 다른 동물들의 선입견으로 건달처럼 사는 닉(Nick)과 함께 육식동물을 없애려는 음모를 파헤치고 문제를 해결하면서 서로 친구가 되는 이야기이다.

Some teachers say the youth have the right to make new mistakes every day because they only can learn and grow from mistakes.

Free yourself from the mistake-free zone where nothing happens.

Please recite and write the proverb.

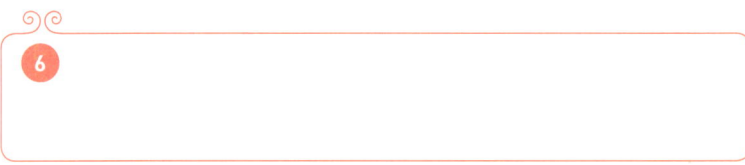

intend 의도하다, 작정하다 foreigner 외국인 perfectly 완벽하게 fluently 유창하게 big hit 큰 성공 charming 매력적인 try 애를 쓰다 keep on -ing 계속 ~하다 mistake 실수 same 같은 stupid 어리석은 why not ~? ~하는 게 어때? the youth 청년 right 권리 learn 배우다 grow 성장하다 free 풀어 주다 mistake-free zone 실수 없는 구역

ONE POINT LESSON

완벽하게 하려 할수록(as long as you want to be perfect), 자기 검열의 고리에 사로잡혀(captured in a loop of self-checking) 아무것도 시도하지 못하게 됩니다. 마음의 고삐를 풀고(unfasten yourself) 매일 새로운 실수를 할 수 있는 권리(the right to make new mistakes every day)를 뻔뻔하게(unabashedly) 사용하세요.

Answers & Translation

속담 씨앗

A cat in [?] catches no mice.
고양이는 무엇을 잘 잡나요? 쥐입니다. 쥐 한 마리가 쥐 두 마리(mice), 세 마리(mice), 수백 마리(mice)로 늘어나지요.
빈칸 앞에 있는 'in'을 보세요. 주로 장소 앞에서 사용되지만 여기에서는 다르게 사용되었습니다.
영화 '맨 인 블랙'을 보셨나요? 주인공들은 '검은 옷을 입은 남자들(men in black)'이라고 불리는데, 검은색 양복을 입고 다니기 때문입니다.
그럼 고양이가 무엇을 입을까요? 블랙처럼 색깔이 아니라 의류 품목입니다. 고양이가 입을 수 있는 것을 나열해 보세요.

❶ A dress, a skirt, pants, a shirt, socks, boots, a hat, gloves and so on. (드레스, 치마, 바지, 셔츠, 양말, 장화, 모자, 장갑 등.)

고양이는 쥐를 잡을 때 손을 사용합니다. 손에 무엇을 끼나요?
속담을 완성시켜 보세요.

❷ A cat in gloves catches no mice.

우리말로는 무슨 뜻인가요?

❸ 장갑 낀 고양이는 쥐를 못 잡는다.

속담 줄기

이제 고양이가 왜 장갑을 꼈는지 궁금할 겁니다.
고양이의 입장이 되어 봅시다. 쥐를 잡으러 가기 전에 장갑부터 찾습니다. 왜일까요? 우리말로 적어도 괜찮습니다.

❹ Ex) It's because the cat wants to protect its hands from any danger. (위험으로부터 자신의 손을 보호하고 싶어서)
It's because the cat wants to leave no paw prints behind. (자신의 발자국을 남기고 싶지 않아서)

그 고양이는 굉장히 조심스럽거나 섬세할 겁니다. 자신의 손이 깨끗하고 안전하길 원하는 거겠죠. 다른 고양이보다 쥐를 더 잘 잡고 싶기 때문일 수도 있습니다. 어쨌든 결과는 쥐를 한 마리도 못 잡습니다.
비슷한 뜻의 우리 속담을 알고 있나요? 우리는 쥐 대신 범을 잡습니다.

❺ 미련한 놈이 범을 잡는다.

속담 열매

외국인을 만난다고 상상해 보세요. 완벽하고 유창하게 영어로 말하려고 작정하면 한 마디도 하지 못할 겁니다.
큰 성공을 거둔 영화, '주토피아'의 매력적인 노래, 'Try everything'을 들어볼까요?
나는 새로운 실수를 계속할 거예요.
나는 그런 실수를 매일매일 할 거예요.
같은 실수를 반복하는 것은 어리석습니다. 하지만 새로운 실수는 좀 하면 어떤가요?
어떤 선생님들은 젊은이들에게는 매일 새로운 실수를 할 수 있는 권리가 있다고 했습니다. 실수를 통해서만 배우고 성장할 수 있기 때문입니다.
아무 일도 일어나지 않는 실수 없는 나라로부터 자신을 해방시키세요.
속담을 암송해서 적어 봅시다.

❻ A cat in gloves catches no mice.

7. Make a Mistake 75

Even on the busiest day the crowded hours come to us
one moment at a time; no matter how many problems, tasks or strains we face,
they always come to us in single file,
which is the only way they can come.
- Maxwell Maltz, *Psycho-Cybernetics*

제일 바쁜 날, 가장 붐비는 시간이더라도 우리에게
한 번에 한 순간씩 옵니다. 아무리 많은 문제나 과제, 중압감을 마주하더라도
그런 것들은 항상 한 줄로 서서 옵니다.
그렇게 밖에 올 수 없습니다.
- 맥스웰 몰츠, 〈사이코 사이버네틱스(성공의 법칙)〉

One Grain at a Time
한 번에 한 알씩

벼락치기를 해본 사람은 알 겁니다. 효율이 얼마나 좋은지요! 하지만 명줄 또한 줄어드는 위기감을 느끼기에 다음에는 미리미리 해야겠다는 결심을 합니다. 그러나 할일은 많고 마음은 급한데 무엇부터 해야 할 지 모르겠고, 다른 일까지 겹치면, 처음의 자신감은 온데간데없이 사라져 버리고 걱정과 스트레스만 남습니다. 이럴 땐 어떻게 하면 좋을까요?

 **Let's Sow the Proverb**

Great ⟨?⟩ from little acorns grow.

What is an acorn? A squirrel likes it. You can see a lot of acorns in the mountain in the fall. (FYI, "acorn" is said *a-corn*.)

An acorn grows up to be a big tree. Do you know the name of the tree in Korean?

❶

The English name has three letters and it starts with *o*.

Can you complete the proverb? When you write it down, be careful of the number agreement—not an acorn, but acorn*s*!

❷

What does the proverb mean in Korean?

 acorn 도토리 squirrel 다람쥐 mountain 산 fall 가을 FYI (for your information) 참고로 grow up 성장하다 number agreement 수의 일치(단수는 단수와 복수는 복수와 나란히 쓰이는 영문법 규칙)

Let's Grow the Proverb

Now let's figure out the matching Korean proverb.

The English proverb says a great oak begins from a little acorn. The Korean proverb says that a journey of a thousand miles begins with a single step.

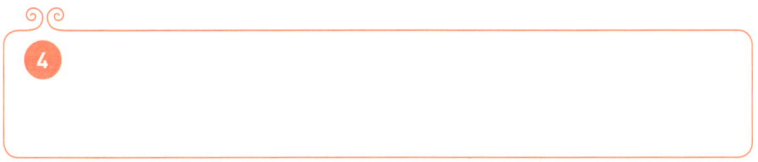

Here is a story of an old man in China. Two mountains

stood in front of his house. To go to the town, his family had to walk around two mountains. It took an enormous time and efforts. When he was 90 years old, he called all of his family together and told them to help him carry the mountains away. If you were his son or daughter, what would you say?

The family followed the old man. They dug dirt in the mountain and dumped it away every day. A man in his town mocked him. "How stupid you are! You're already 90 years old. You will never make it." The old man answered, "Don't worry. If I die, my sons will do it. If my sons die, their sons will carry on. But the mountain cannot grow higher."

Do you know what four-letter idiom is for this story?

5

oak 참나무, 상수리나무 begin 시작하다 journey 여행 thousand 천 China 중국 in front of ~앞에 walk around 둘러 가다 enormous 엄청난 effort 노력 carry away 옮기다 son 아들 daughter 딸 follow 따르다 dug dig(파다)의 과거 dirt 흙 dump 버리다 mock 조롱하다 stupid 어리석은 make it 해내다 carry on 계속하다 four-letter idiom 사자성어

Have you ever ridden a bike uphill road? What advice would be good for the rider?

"Don't look up to the hilltop. The steep slope makes you terrified. Just look down and put pedal by pedal."

The family of the old man in China did not look up to the top of the mountains but looked down and dug out a shovel of dirt at a time.

When you have a heavy workload to do, don't let the whole thing press you at once. **Break it into small works and do one thing at a time** like an hourglass does one grain at a time.

Martin Luther King Jr.* said, "Take the first step in faith. You don't have to see the whole staircase. Just take the first step."

* 마틴 루터 킹 (Martin Luther King Jr.)은 침례교 목사이자 미국의 흑인 해방과 인권 운동을 이끈 사회운동가이다.

Will you recite the proverb and write it down?

6

ride a bike 자전거를 타다　uphill road 오르막길　advice 충고　beginner 초보자　hilltop 언덕 꼭대기　steep slope 급경사　terrified 겁먹은　look down 내려다보다　pedal by pedal 페달을 번갈아 밟으며　shovel 삽　workload 업무량, 작업량　whole 전체의　press 누르다　at once 한꺼번에　break into 잘게 쪼개다　hourglass 모래시계　one grain at a time 한 번에 한 알씩　step 걸음　faith 믿음　staircase 계단

아무리 능력이 뛰어난 사람일지라도(however competent a person is) 한꺼번에 모든 것을(all at once) 해내는 사람은 없습니다. 주눅 들게 하는 전체(the whole plan terrifying you)를 보지 말고 일을 쪼개어(break it into small works) 한 번에 하나씩(one thing at a time) 시작하세요.

Answers & Translation

🌱 속담 씨앗

Great [?] from little acorns grow.
'acorn'이 무엇인가요? 다람쥐가 좋아하고, 가을철 산에 가면 많이 볼 수 있습니다. (참고로 acorn은 a(에이) corn(콘)으로 읽습니다)
도토리는 자라서 큰 나무가 됩니다. 우리말로 그 나무 이름을 알고 있나요?

① 상수리나무

영어로는 세 글자이고 'o'로 시작합니다.
속담을 완성할 수 있나요? 이때 수의 일치에 주의하세요. (도토리 하나가 아니라 도토리들입니다)

② Great oaks from little acorns grow.

우리말 뜻은 무엇인가요?

③ 거대한 상수리나무도 작은 도토리에서 자란다.

🌱 속담 줄기

이제 같은 뜻의 한국 속담을 알아봅시다.
영어 속담에서는 거대한 상수리나무는 작은 도토리에서 시작된다고 하지만 우리 속담은 천리 길도 한 걸음부터 시작된다고 합니다.

④ 천리 길도 한 걸음부터

중국의 한 할아버지 이야기를 들려드리겠습니다. 할아버지 집 앞엔 산 두 개가 서 있어서 읍내를 나가려면 그 산 두 개를 돌아서 가야 했습니다. 시간도 많이 걸리고 힘도 많이 들었지요. 할아버지가 90세가 되었을 때 온 가족을 불러 모아서 말하기를 산을 옮기려고 하니 도우라고 했습니다. 만약 여러분이 할아버지의 자녀라면 뭐라고 대답했을까요?
할아버지 가족들은 그 뜻을 따랐습니다. 매일 산에서 흙을 파서 내다 버렸지요. 마을의 한 남자가 조롱했습니다. "참 어리석기도 하시지. 할아버지 나이가 벌써 아흔이에요. 절대 못 끝내요." 할아버지가 말하기를 "걱정 마시오. 내가 죽으면 내 아들들이 할 거고, 내 아들들이 죽으면 그들의 아들들이 계속할 거요. 하지만 산은 더 이상 높아질 수 없잖소."
이 이야기를 의미하는 사자성어를 알고 있나요?

⑤ 우공이산(愚公移山): 어리석은 노인이 산을 옮긴다.

🌱 속담 열매

자전거를 타고 오르막길을 오른 적이 있나요? 자전거를 탄 사람들에게 어떤 충고를 하면 좋을까요?
"언덕 꼭대기를 올려다보지 마세요. 그러면 급경사에 겁을 먹게 됩니다. 그냥 고개를 숙이고 페달을 계속 밟으세요."
이야기 속의 할아버지 가족들도 산꼭대기를 보지 않고 아래를 내려다보고 흙을 한 삽씩 퍼 냈습니다.
할 일이 많을 때, 그 일 전체가 한꺼번에 여러분을 짓누르게 하지 마세요. 한 번에 한 알씩 떨어지는 모래시계처럼 **일을 작은 덩어리로 쪼개서 한 번에 하나씩 하세요.**
마틴 루터 킹 목사는 "신념을 가지고 첫 계단을 오르세요. 계단 전체를 볼 필요는 없습니다. 첫 번째 계단만 일단 오르세요."라고 했습니다.
속담을 암송하고 적어 볼까요?

⑥ Great oaks from little acorns grow.

Every strike brings me closer to the next home run.
- Babe Ruth, baseball player

모든 스트라이크는 나를 다음의 홈런에 더 가깝게 이끈다.
- 베이브 루스, 야구선수

Develop Your Timing
타이밍을 개발하세요

과일도 제철에 나는 과일이 맛있고 꽃구경도 한철입니다. 모든 일에는 때가 있고 그래서 타이밍이 중요합니다. 타이밍은 작은 힘을 들여 최대의 효과를 얻을 수 있게 해주는 기술입니다. 그럼 타이밍을 어떻게 개발할 수 있을까요?

Strike while the iron is .

Someone is giving an order, "Strike iron!" Who is the person? What is his occupation?

An iron man? Nope. The person is a "blacksmith."

Blacksmiths were very important in the old days. Without them, people could not get tools for farming or weapons for wars.

Imagine you work as an apprentice to a blacksmith. You are making a blade. The blacksmith is yelling at you, "Strike when the iron is red!" When the iron turns red, it is very _____. It starts with *h*.

Can you complete the proverb?

What does the proverb mean in Korean?

strike 치다, 때리다 **while** ~하는 동안 **iron** 쇠 **order** 명령 **occupation** 직업 **nope** 아니요 **blacksmith** 대장장이 **tool** 도구, 연장 **farm** 농사를 짓다 **weapon** 무기 **war** 전쟁 **apprentice** 견습생 **blade** 칼날 **yell** 소리 지르다 **turn** 변하다

Why is it important to strike the iron when it is hot? If you stroke the iron when it was not hot, what would happen?

While the iron is hot, you can easily form it into any shape you want.

The matching Korean proverb has an animal. What was the most important livestock in the old days? They were cattle. Cattle are very useful even today because they provide meat, skin, and horns. Horns were used for various tools and craftwork. But it was very hard to pull them out. People heated the horns long enough until they became soft.

Can you guess the matching Korean proverb?

4

important 중요한 happen 일어나다 form 만들어 내다 shape 형태 livestock 가축 cattle 소(집합명사) useful 유용한 provide 제공하다 meat 고기 skin 가죽 horn 뿔 various 다양한 tool 도구 craftwork 공예품 heat 데우다, 달구다 enough 충분히 guess 추측하다

Let's Reap the Proverb

It is interesting that both the Korean and English proverbs are orders. They sound very urgent.

A chance passes in a flash. How can we have perfect timing without anybody yelling at us?

Let's take a hint from the proverbs. Before orders are given, what work was done? Someone made a fire, kept the furnace hot or heated the horns for a long time. The chance was not given but forged.

Timing is the skill or action to judge the right moment, when the chance is prepared. It means you can develop it by practice.

Forge the chance and improve your skill to catch the right time.

Recite the proverb and write it down right now!

5

🌱 interesting 재미있는　both 양 쪽 모두　sound ~처럼 들리다　urgent 긴급한　pass 지나가다　in a flash 순식간에　problem 문제　perfect timing 완벽한 타이밍　be given 주어지다　make a fire 불을 피우다　furnace 용광로　forge (금속을) 벼리다, (노력하여) ~을 만들어 내다　skill 기술　action 행동　judge 판단하다　right moment 적절한 순간　prepare 준비하다　develop 개발하다　practice 연습　improve 개선하다, 연마하다

ONE POINT LESSON

타이밍(timing)은 가장 적절한 때(the right moment)를 판단하는 기술(skill)이나 행위(action)를 말합니다. 즉 운(luck)이나 타고난 능력(natural ability)이 아니라 연습해서 개발할 수 있습니다(develop by practice). 기회를 만들고 준비하는 과정을 반복하면 누구나 타이밍의 고수(the master of timing)가 될 수 있습니다.

속담 씨앗

Strike while the iron is (?).

누군가 "쇠를 내려쳐!"라고 명령을 내립니다. 누굴까요? 그 사람의 직업은 무엇일까요?
아이언맨? 아닙니다. 그는 '대장장이'입니다.
대장장이는 옛날에는 매우 중요했습니다. 대장장이가 없으면 사람들은 농사를 지을 농기구나 전쟁을 위한 무기를 얻을 수 없었기 때문입니다.
여러분이 대장장이의 견습생으로 일하고 있다고 상상해 보세요. 칼날을 만드는 중입니다. 대장장이가 소리를 지릅니다. "쇠가 빨갛게 변하면 내려쳐!" 쇠가 빨갛게 되면, 쇠는 무척 _____습니다. ('h'로 시작됩니다.)
속담을 완성할 수 있나요?

1 Strike while the iron is hot.

우리말 뜻은 무엇인가요?

2 쇠가 뜨거울 때 내려쳐라.

속담 줄기

쇠가 뜨거울 때 내려치는 게 왜 중요할까요? 뜨겁지 않을 때 내려치면 어떤 일이 발생하나요?

3 Ex) When the iron is not hot, it must be hard. If I hit the hard iron, vibration would run up my arm and make my bones rattle. In addition, I could not make it a sharp blade. I could not sell it at good price, either.(쇠가 뜨겁지 않으면 단단할 것입니다. 그 단단한 쇠를 내려치면 그 진동이 팔을 따라 올라가 온 뼈마디가 달가닥거릴 겁니다. 게다가, 단단한 쇠로는 날카로운 칼날을 만들 수 없고, 그런 제품을 좋은 가격에 팔 수도 없습니다.)

쇠가 뜨거워야 어떤 형태로든 쉽게 만들 수 있습니다.
한국 속담에는 동물이 나옵니다. 옛날에 가장 중요한 가축은 무엇이었을까요? 소였습니다. 소는 고기, 가죽, 뿔을 제공하는 오늘날도 무척 유익한 동물입니다. 뿔은 다양한 도구와 공예품에 사용되었습니다. 하지만 뽑기가 무척 어려웠습니다. 사람들은 소뿔이 물렁해질 때까지 오랫동안 달구었습니다.
해당되는 우리 속담이 무엇인지 감이 오나요?

4 쇠뿔(소의 뿔)도 단 김(달구어졌을 때)에 빼라.

속담 열매

우리 속담과 영어 속담 모두 명령이라는 점이 재미있습니다. 무척 급박해 보입니다.
기회는 순식간에 지나갑니다. 우리에게 때가 되었다고 소리 지르는 사람이 없어도, 어떻게 완벽한 타이밍을 잡을 수 있을까요?
속담에서 힌트를 얻어 볼까요? 명령이 내려지기 전에 무슨 일이 이루어졌나요? 누군가 불을 피우고 용광로를 뜨겁게 유지하고 뿔을 오랫동안 달구었습니다. 기회는 주어진 것이 아니라 노력해서 만든 것이었습니다.
타이밍은 기회가 준비되었을 때, 적절한 순간을 판단하는 기술이나 행동입니다. 이는 연습을 통해 개발할 수 있지요.
기회를 만들고 적절한 때를 포착하는 기술을 연마하세요.
지금 당장 속담을 암송하고 적어 보세요!

5 Strike while the iron is hot.

9. Develop Your Timing

I have not failed.
I've just found 10,000 ways that won't work.
- Thomas Edison

나는 실패한 적이 없습니다.
나는 단지 잘 안 되는 만 가지 방법을 찾았을 뿐입니다.
- 토머스 에디슨

10 Have Your Way
자신의 길을 찾으세요

토머스 에디슨(Thomas Edison)이 전구를 발명하기 위해 수천 번이나 실패한 것을 아세요? 전구의 필라멘트(filament)에 적합한 물질을 찾을 때까지 실험을 거듭한 것이지요. 실험이 실패할 때마다 그는 "필라멘트로 쓰지 못하는 물질을 또 하나 발견했다."라고 말했답니다. 목표를 이루기 위해 겪는 과정은 실패까지도 모두 다 의미 있습니다. 한 번에 달성되는 것도 없고 정해진 길도 없습니다.

All roads lead to .

_____ is the capital city of Italy.

In ancient times, this city was famous for the excellent road system. All roads were connected to the capital like the spokes of a wheel. You could reach the capital city, whatever road you took.

Can you complete the proverb?

1

What does the proverb mean in Korean?

2

🍂 **road** 길 **lead to** ~로 이어지다 **capital city** 수도 **Italy** 이탈리아 **ancient** 고대의 **be famous for** ~로 유명하다 **excellent** 뛰어난 **connect** 연결하다 **spoke** 바큇살 **wheel** 바퀴 **reach** ~에 도달하다 **whatever** 어떤 ~이든

Now you may wonder what the proverb is talking about. All roads are connected to Rome. So what?

You are traveling in Italy. Your destination is Rome. There are many roads to go there. You can take a shortcut or a beautiful long winding one. You might even get lost. However, don't worry! Only if you keep the destination in mind, you will get to Rome.

What does Rome mean? It means the destination or goal. Then what do "roads" stand for?

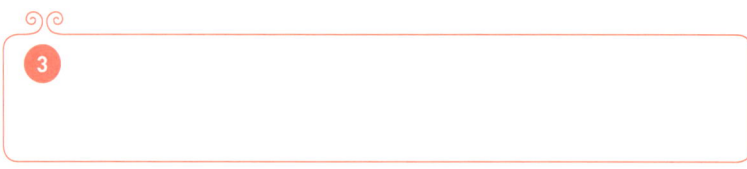

What is the message from the proverb? Writing in Korean is all right.

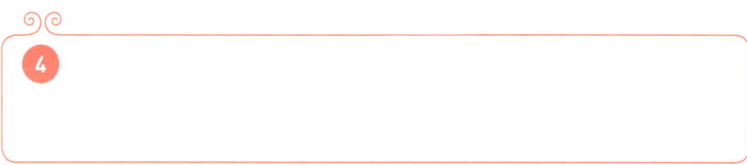

wonder 의아해하다 Rome 로마(이탈리아 수도) so what? 그래서 뭐 어떻다고?
travel 여행하다 destination 목적지 shortcut 지름길 winding 구불구불한 be lost 길을 잃다 keep ~in mind ~을 명심하다 goal 목표 stand for ~을 나타내다

Do you know how the torpedo hits the target? According to Dr. Maxwell Maltz,* it doesn't go straight as we expect. It makes

* 맥스웰 몰츠 (Maxwell Maltz) 박사는 성형외과 의사로서 '마음의 성형'을 도와주는 자기 계발서 〈성공의 법칙Psycho-Cybernetics〉을 써서 많은 사람들과 이후에 나온 자기 계발서들에 큰 영향을 끼쳤다.

errors and continually corrects them until it accomplishes its goal.

The key point is not which way you take but how you correct errors and keep moving. It is perfectly all right to explore your way, but don't lose your target or goal.

Nietzsche* said, "As for the right way, the correct way, the only way, it does not exist."

* 독일의 철학자 프리드리히 니체 (Friedrich W. Nietzsche)는 기존의 기독교 윤리를 부정하는 파격적인 사상으로 '망치를 든 철학자'로 표현된다. 생에 대한 실존주의 철학의 선구자이다.

The way you choose is right. Have your way boldly.

Can you recite and write down the proverb?

🍂 **torpedo** 어뢰 **hit** 명중하다 **target** 목표 **according to** ~에 따르면 **straight** 곧바로, 똑바로 **expect** 기대하다 **error** 오류, 실수 **continually** 계속, 지속적으로 **correct** 수정하다; 올바른 **accomplish** 성취하다 **not A but B** A가 아니라 B **keep -ing** 계속 ~하다 **explore** 탐색하다 **as for** ~에 관해서 **exist** 존재하다 **choose** 선택하다 **boldly** 대담하게

ONE POINT LESSON

목표를 달성하기 위한 방법에 정답(correct answer)은 없습니다. 로버트 프로스트(Robert Frost, 미국 시인)가 '가지 않은 길(The Road Not Taken)'에서 노래했듯이 남들이 덜 간 길(the one less traveled by)이 나의 길이 될 수도 있고 아예 새로운 길(a new path)을 갈 수도 있습니다. 남들과 다른 길이라고 낙담하지 마세요(don't put yourself down). 어떤 길을 가도 다 괜찮습니다.

Answers & Translation

속담 씨앗

All roads lead to ❓ .

_____는 이탈리아의 수도입니다.
고대에는 이 도시가 뛰어난 도로 시스템으로 유명했습니다. 모든 도로는 바큇살처럼 수도로 이어져 있었습니다. 어떤 길을 가든 수도에 도달할 수 있었지요. 속담을 완성할 수 있나요?

1 All roads lead to Rome.

우리말 뜻은 무엇일까요?

2 모든 길은 로마로 통한다.

속담 줄기

속담이 말하는 것이 무엇인지 알쏭달쏭할 거예요. 모든 길은 로마로 이어져 있다. 그래서 뭐가 어떻다는 말일까요?
이탈리아를 여행하는 중입니다. 목적지는 로마입니다. 거기까지 가는 데 많은 길이 있습니다. 지름길로 갈 수도 있고 아름답지만 빙빙 돌아가는 길로 갈 수도 있습니다. 길을 잃을지도 모릅니다. 하지만 걱정하지 마세요! 목적지를 명심하고 있는 한 로마에 도착할 겁니다.
로마는 무엇을 의미할까요? 목적지나 목표를 의미합니다. 그러면 길은 무엇을 의미할까요?

3 Roads mean ways or methods.
  (길은 방법을 의미한다.)

속담이 주는 메시지는 뭘까요? 한국어로 적어도 괜찮습니다.

4 There are many ways to reach the same goal. (목표를 달성하는 데에는 많은 방법이 있다.)

속담 열매

어뢰가 어떻게 목표물을 명중하는지 알고 있나요? 맥스웰 몰츠 박사에 의하면 어뢰는 우리가 예상하듯 일직선으로 곧장 나아가지 않습니다. 계속 오류를 범하고 끊임없이 그 오류를 보정하면서 결국 목표물에 명중한다고 합니다.
중요한 것은 어떤 길을 가느냐가 아니라 어떻게 오류를 수정하며 계속 나아가느냐 하는 겁니다. 여러분 자신의 길을 탐색하는 것은 얼마든지 괜찮습니다. 하지만 목표나 목적을 잃어버리지는 마세요.
니체는 "바른 길, 정확한 길, 유일한 길에 관해서라면, 그런 길은 존재하지 않는다." 라고 했습니다.
여러분이 선택한 길(방법)이 맞습니다. 그러니 대범하게 여러분의 길을 가세요.
속담을 암송하고 적어 볼까요?

5 All roads lead to Rome.

*M*aking a plan with a strong will is one thing
and putting it into action is another thing.
Just move.
Be willing to sweat.
But don't be too scared.
You can make a difference
with small actions every day.

강한 의지를 가지고 계획을 세워도
행동으로 옮기는 것은 다른 문제입니다.
일단 움직이세요.
기꺼이 땀을 흘리세요.
하지만 너무 겁먹지 마세요.
매일 작은 행동들로
변화를 가져올 수 있습니다.

When You Put Off Your Actions

행동에 옮기는 것을 미루고 있을 때

Buster: Okay, deep breaths, deep breaths,
and remember what I told you...
You will not feel afraid anymore
if you just start singing.

- *Sing*

버스터: 좋아, 숨을 깊이 쉬어요, 깊이,
그리고 내가 했던 말을 기억해요.
더 이상 두렵지 않을 거예요.
일단 노래만 시작하면 말이죠.

- 영화 '씽'

11 Make a Beginning
시작부터 합시다

버스가 급정거하는 바람에 넘어질 뻔한 적이 있을 거예요. 멈춰 서 있는 것은 계속 멈춰 서 있으려 하고 움직이는 것은 계속 움직이려고 하는 성질 때문입니다. 우리가 살아가는 모습도 비슷합니다. 시작하는 것을 미루면 점점 더 시작하기 어려워지지만, 일단 시작하고 나면 다음 단계는 의외로 쉽게 진행됩니다.

The [?] step is always the hardest.

Do you remember the previous proverb "Great oaks from little acorns grow?" (#08) It says that you can complete any heavy work by breaking it into small things and doing it step by step. Then which step is the most difficult?

It must be the beginning step. It starts with *f*.

Can you complete the proverb?

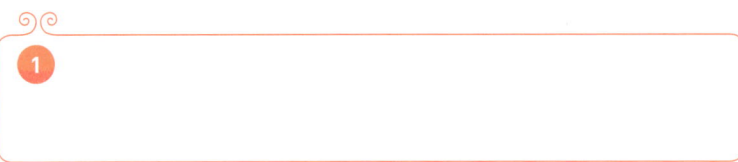
1

What does the proverb mean in Korean?

2

 **always** 항상 **hardest** 가장 어려운 (hard의 최상급) **remember** 기억하다 **previous** 이전의 **complete** 완수하다 **heavy** 힘든, 무거운 **break** 부수다, 쪼개다 **step by step** 한 걸음 한 걸음 **most difficult** 가장 어려운 (difficult의 최상급) **must be** ~임에 틀림없다 **beginning** 시작

Let's find out the matching Korean proverb. Once you start, it is considered half done.

> ③

Assume you are on a running bus. The bus driver sees a cat jumping into the road and slams on the break. What will happen to your body?

It moves forward so much that you may look as if you are bowing to somebody in front of you. That's why you must fasten your seat belt in a running car.

Anyway it is explained by the law of inertia. How do you say it in Korean?

Inertia is tendency of an object to stay at rest or in motion. If an object stays, it will remain at rest. If an object is moving, it will move at a constant speed.

🍂 **once** 일단 ~하면 **consider** 간주하다 **half** 절반 **assume** 가정하다 **jump into** ~로 뛰어들다 **slam on the break** 브레이크를 세게 밟다 **move forward** 앞으로 움직이다 **as if** 마치 ~인 듯이 **bow** 인사하다 **in front of** ~앞에 **fasten the seat belt** 안전벨트를 매다 **explain** 설명하다 **law of inertia** 관성의 법칙 **tendency** 경향, 성향 **object** 물체, 대상 **stay** 머무르다 **at rest** 움직이지 않는 **in motion** 움직이고 있는 **remain** 계속 ~이다 **constant** 일정한 **speed** 속도

The law of inertia works in your life, too. Getting something started is very difficult because we should overcome the force of inertia. You need massive amounts of energy and efforts.

On the other hand, to keep it moving is not that hard.

Think of riding a bike. The first pedaling is the hardest but the rest of it is almost effortless.

Nietzsche said, "All beginnings are dangerous."* However if you don't start anything, nothing will happen.

* 독일의 철학자 니체가 그의 저서 〈인간적인 너무나 인간적인*Human, All Too Human*〉에서 한 말.

What did you put off among your to-do list?

Just get it started. You will be able to get through following difficulties.

Will you recite the proverb and write it down?

work 작용하다 get started 시작하다 overcome 극복하다 force 힘 massive amounts of 엄청나게 많은 양의 effort 노력 on the other hand 반면에 keep ~ moving ~을 계속 움직이게 하다 not at all 전혀 ~않다 pedaling 페달을 밟음 rest 나머지 almost 거의 effortless 힘들이지 않고 dangerous 위험한 however 하지만 put off 미루다 to-do list 해야 할 일 목록 be able to ~할 수 있다 get through ~을 헤쳐 나가다 difficulties 어려움

ONE POINT LESSON

관성의 법칙(the law of inertia)은 예외가 없는 자연 법칙(the law of nature) 입니다. 누구에게나 시작은 어렵고 미룰수록(the longer you delay) 시작하기 점점 더 힘들어지는 법입니다(the harder you start). 일단 온 힘을 다해(with your full strength) 시작하세요. 나머지(the rest of it)는 관성의 법칙이 도와줄 거예요.

Answers & Translation

속담 씨앗

The [?] step is always the hardest.

지난 번에 배운 '거대한 상수리 나무도 작은 도토리에서 자란다' (8번)는 속담 기억나요? 힘든 일도 쪼개서 하나씩 차근차근 하면 할 수 있다고 말해 주는 속담이었습니다. 그럼 어느 단계가 가장 힘들까요? 시작 단계일 겁니다. 'f'로 시작합니다.
속담을 완성할 수 있나요?

① The first step is always the hardest.

우리말 뜻은 무엇일까요?

② 첫 단계가 항상 가장 어렵다.

속담 줄기

같은 의미의 우리 속담을 찾아봅시다. 시작하면 반은 한 셈이지요.

③ 시작이 반이다.

달리는 버스에 타고 있다고 가정해 보세요. 고양이 한 마리가 도로에 뛰어드는 것을 보고 버스 기사가 급 브레이크를 밟습니다. 몸이 어떻게 될까요?
앞으로 많이 숙여져 마치 앞에 앉은 사람에게 인사하는 것처럼 보일 겁니다. 그래서 달리는 차에서 안전벨트를 꼭 매라고 하는 겁니다.
어쨌거나 이것은 관성의 법칙으로 설명됩니다. 한국어로는 어떻게 말하나요?

④ 관성의 법칙

관성은 물체가 정지 또는 운동의 상태를 지속하려는 성향입니다. 만약 물체가 정지해 있으면 계속 가만히 있으려 하고 움직이고 있으면 일정한 속도로 계속 움직이려고 합니다.

속담 열매

관성의 법칙은 우리 생활에도 적용됩니다. 무언가를 시작할 때는 관성의 힘을 극복해야 하기 때문에 굉장히 어렵습니다. 엄청난 양의 에너지와 노력이 필요합니다. 반면에 움직이고 있는 것을 계속 움직이게 하는 것은 그다지 힘들지 않습니다.
자전거 타는 것을 생각해 보세요. 첫 페달을 밟는 것이 가장 어렵지 그 다음은 별로 힘들이지 않고도 갈 수 있습니다.
니체는 '모든 시작은 위험하다.'라고 했습니다. 하지만 시작하지 않으면 아무 일도 일어나지 않지요.
해야 할 일 중에서 무엇을 미루고 있나요?
그냥 일단 시작하세요. 뒤따르는 어려움은 헤쳐 나갈 수 있을 거예요.
속담을 암송하고 적어 볼까요?

⑤ The first step is always the hardest.

11. Make a Beginning

Believe me! The secret of reaping the greatest fruitfulness
and the greatest enjoyment from life is to live dangerously!
- Friedrich Nietzsche, philosopher

저를 믿으세요! 인생에서 가장 큰 성과와
가장 큰 즐거움을 얻기 위한 비밀은 위험하게 사는 겁니다!
- 프리드리히 니체, 철학자

12 Focus on the Gain
이득에 집중하세요

도전할 때 가장 큰 걸림돌은 무엇일까요? 아마 불안한 마음일 겁니다. 하고 싶지만 지금 누리고 있는 편안함을 포기해야 하면 어쩌지? 그렇게 희생하고도 원하는 것을 얻지 못하면 어떡하지? 아무리 강심장인 사람이라도 새로운 도전 앞에서는 떨 수밖에 없습니다. 그럼 어떻게 해야 할까요?

Nothing ventured, nothing .

What is the meaning of "venture?" It looks similar to "adventure." "Venture" and "adventure" are from the same family.

To venture means to undertake something dangerous.

If you don't venture anything, you will not _____ anything.

You might think the answer is "get." But "nothing ventured, nothing geted(?)" looks weird.

Let's find another word with the same meaning of "get." It starts with the letter *g*, too.

Can you complete the proverb?

What does the proverb mean in Korean?

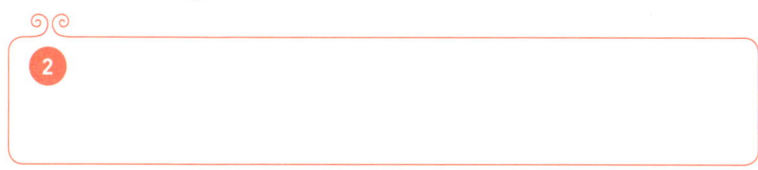

🍃 **venture** 위험을 무릅쓰고 하다 **similar to** ~와 비슷한 **adventure** 모험 **undertake** (책임을 맡아서) 착수하다 **weird** 괴상한, 기이한

Let's find the matching Korean proverb.

Imagine you are a hunter. You searched for rabbits all day long but found nothing. When you decided to go home, you happened to discover a cave where a tiger was living. What would you do?

Would you go into the cave or go home? If you went into the cave, you might catch a tiger but you might be hurt or killed by the tiger. If you went home, you would be safe but have nothing in your hands. What is your choice and why?

Can you figure out the matching Korean proverb?

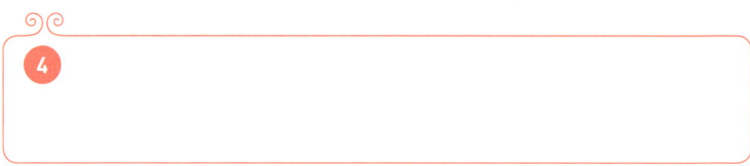

hunter 사냥꾼 search 수색하다, 찾다 rabbit 토끼 all day long 하루 종일 decide 결심하다 happen to 우연히 ~하다 discover 발견하다 cave 동굴 hurt 다치게 하다 safe 안전한 choice 선택

The tiger can be a risk and a trophy at the same time. Every

task has these two sides.

Think of your goal. What is a risk to take? What is a gain in return? Writing in Korean is okay.

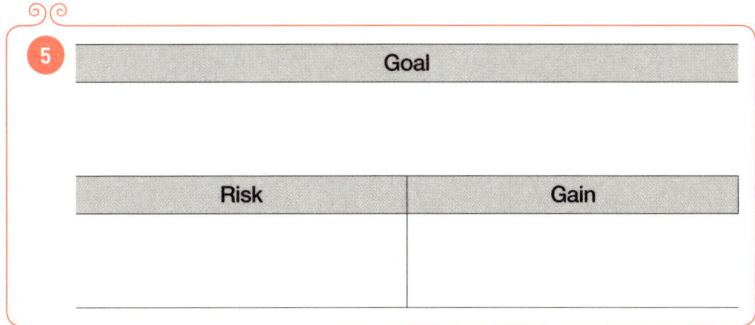

Many people give up good plans because they are afraid of the risk. But high risk gives you high reward. How should you deal with the risk?

Focus on the gain. When you start looking at the gain, you can have the guts to move on.

Please recite the proverb and write it down.

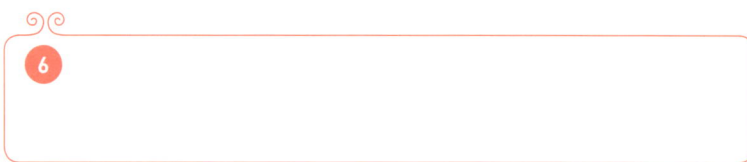

risk 위험 부담 trophy 트로피 task 과업 gain 이익 in return 대신에 give up 포기하다 be afraid of ~을 무서워하다 reward 보상 deal with 다루다, 처리하다 focus on ~에 집중하다 have the guts to do ~할 용기(배짱)가 있다 move on 앞으로 나아가다

ONE POINT LESSON

새가 알(eggshell)을 깨야 태어날 수 있듯이(a bird can be born), 도전하는 것은 안전한 세계를 파괴하는 것이고(to destroy the world keeping you safe), 그만큼 두려운 일입니다. 두려움을 이기고 싶다면(if you want to overcome fear) 도전을 통해 얻을 수 있는 이득에 집중하세요 (focus on the gain).

Answers & Translation

속담 씨앗

Nothing ventured, nothing [?]ed.

'venture'의 뜻이 뭘까요? 모험(adventure)과 비슷하게 생겼지요? 'venture'와 'adventure'는 같은 가족입니다.
venture는 무언가 위험한 일을 착수한다는 뜻입니다. 어떤 것도 도전하지 않으면 아무것도 _____ 할 수 없습니다.
정답이 'get'이라고 생각할지도 모르겠네요. 하지만 'nothing ventured, nothing geted(?)'는 이상하죠?
'get(얻다)'과 같은 의미를 가진 다른 단어를 찾아보세요. 역시 글자 'g'로 시작합니다.
속담을 완성해 볼까요?

① Nothing ventured, nothing gained.

우리말 뜻은 무엇인가요?

② 아무것도 도전하지 않으면 아무것도 얻을 수 없다.

속담 줄기

해당하는 우리 속담을 알아봅시다.
여러분이 사냥꾼이라고 상상해 보세요. 하루 종일 토끼를 찾아다녔지만 한 마리도 만날 수가 없었습니다. 집에 돌아가려고 했을 때 우연히 호랑이가 사는 동굴을 발견했습니다. 어떻게 할 건가요?
굴속으로 들어갈 건가요, 아니면 집으로 갈 건가요? 동굴 속에 들어가면 호랑이를 잡을 수 있을지 모릅니다. 하지만 호랑이에게 다치거나 죽임을 당할 수도 있습니다. 집으로 간다면 무사할 수 있겠지만 빈손으로 돌아가야 하지요. 어떤 선택을 하겠어요? 왜 그런 선택을 했나요?

③ Ex) I will give up the tiger, because I don't want to be killed by the tiger. (호랑이를 포기할 겁니다. 왜냐하면 호랑이에게 죽임을 당하고 싶지 않으니까요.) Or (또는)
I will go into the cave to get the tiger because I need to sell its meat and skin. (호랑이를 잡으러 동굴에 들어갈 겁니다. 왜냐하면 호랑이 고기와 가죽을 팔아야 하기 때문입니다.)

우리 속담은 무엇인지 알겠어요?

④ 호랑이를 잡으려면 호랑이 굴에 들어가야 한다.

속담 열매

호랑이는 위험 요인인 동시에 상이기도 합니다. 모든 일에는 이 두 가지 측면이 있습니다.
여러분의 목표를 생각해 보세요. 감당해야 할 위험 부담은 무엇인가요? 대신에 얻을 수 있는 이득은 무엇인가요?

⑤ Ex) My goal is to lose weight. The risk is that I have to give up sweet things. The gain is that I can wear the dress I want to. (나의 목표는 살을 빼는 것입니다. 위험 부담은 단것을 끊어야 한다는 것입니다. 이득은 입고 싶은 원피스를 입을 수 있다는 것입니다.)

많은 사람들이 위험 부담에 대한 두려움 때문에 좋은 계획을 포기합니다. 하지만 위험이 클수록 보상도 큰 법이지요. 어떻게 위험을 처리해야 할까요?
이득에 집중하세요. 얻게 될 이득을 바라보면 앞으로 나아갈 용기를 가질 수 있습니다.
속담을 암송하고 적어 보세요.

⑥ Nothing ventured, nothing gained.

It doesn't matter what you say you believe;
it only matters what you do.
- Robert Fulghum, *All I Really Need to Know I Learned in Kindergarten*

당신이 믿는 것을 말하는 것은 아무 소용이 없습니다.
중요한 것은 당신이 어떻게 행동하느냐입니다.
- 로버트 풀검, 〈내가 정말 알아야 할 모든 것은 유치원에서 배웠다〉

13 Speak with Actions
행동으로 말합시다

'미안해.'를 입에 달고 사는 사람들이 있지요. '다음에 잘 할게,' '내 말은 진심이야.' 이런 말을 상투적으로 하는 사람들도 있습니다. 하지만 이런 말을 많이 하는 사람일수록 오히려 진실된 사람은 드뭅니다. 말이 아니라 행동이 그 사람을 말해 주니까요.

[?] speak louder than words.

It means _____ speak louder than "words" speak. But can words actually speak? No, words are spoken but don't speak. You can know that _____ and "words" are personified.

Have you heard of "Easier said than done?" It has the same meaning with this proverb. "Said" matches "words" and "done" does _____.

It starts with *a*. Can you complete the proverb? Don't forget _____ must agree with "words" in number—not a word but word*s*.

> **1**

What does the proverb mean in Korean?

What is the matching Korean saying?

speak 말하다 **louder** loud(크게)의 비교급 **actually** 실제로 **personify** 의인화하다
Easier said than done. 행하는 것보다 말하는 것이 쉽다. **same** 같은 **match** 해당하다
agree with ~와 일치하다 **in number** 수에서

Let me tell you a story.

An old man took a walk to the beach early in the morning. The beach was filled with starfish because of a bad storm the night before. The sun was about to rise and the starfish were drying to death. At that time, the old man saw a boy dancing on the beach. When he came closer, the old man saw the boy was not dancing. He bent down, picked up one starfish and threw it away to the seawater as far as he could.

The old man was curious.
"What are you doing?"
"I'm throwing starfish to the sea."
"Hey, kid. The sun is coming out soon and starfish are countless. You cannot save them all."
The boy didn't stop his moving and answered.
"I know. But when I throw this one into the sea, I can make a change for this one."
The old man thought for a few seconds, picked up one starfish and threw it into the sea alongside with the boy.

Why did the old man throw starfish alongside with the boy? Writing in Korean is all right.

take a walk 산책하다　beach 해변　early 이른　be filled with ~로 가득 차다　starfish 불가사리　storm 폭풍　last night 지난밤　be about to 막 ~하려고 하다　rise 떠오르다　dry 마르다　death 죽음　come closer 다가가다　bent bend(구부리다)의 과거　pick 줍다　threw throw(던지다)의 과거　seawater 바닷물　as far as he can 그가 할 수 있는 한 멀리　curious 궁금한　soon 곧　countless 셀 수 없이 많은　save 구하다　second 초　alongside ~옆에, ~와 함께

The story tells us what makes a difference. What is it?

It's an action.

What did you do today expecting that tomorrow will be different? You bought a book expecting to be good at English conversation but did you read any sentence from the book today? You say you will be a good person but were you nice to your Mom or siblings today?

For better tomorrow, you don't have to have a big plan today. Doing small things every day will make a difference and change your future.

Speak with your actions.

Will you recite and write the proverb?

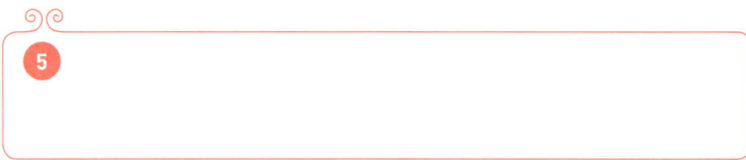

🍂 **make a difference** 변화를 만들다 **action** 행동 **expect** 기대하다 **bought** buy(사다)의 과거 **be good at** ~을 잘하다 **conversation** 회화, 대화 **sentence** 문장 **sibling** 형제, 자매 **future** 미래

내일은 오늘 한 말이 아닌 행동에 달려 있습니다(your tomorrow depends on what you did not on what you said today). 아무리 작은 행동이라도(no matter how small your action is) 변화를 가져옵니다(make a difference). 오늘과 다른 내일을 원한다면(want better tomorrow) 지금 움직이세요(move now).

Answers & Translation

속담 씨앗

[?] speak louder than words.

속담은 '말'이 말하는 것보다 _____가 더 크게 말한다는 뜻입니다. 그런데 '말'이 실제로 말을 할 수 있나요? 아니지요, '말'은 말해지는 것이지 말을 하지는 않습니다. _____와 '말'은 의인화되어 있다는 것을 알 수 있습니다.

'말해지는 것이 행해지는 것보다 쉽다.'라는 말을 들어 보았지요? 이 경구는 속담과 일맥상통합니다. '말해지는 것'은 '말'에 해당하고 '행해지는 것'은 _____에 해당합니다.

'a'로 시작합니다. 속담을 완성할 수 있나요?

_____는 '말들(words)'과 수에서 일치해야 합니다(말 한마디(a word)가 아니라 말들(words)임).

① Actions speak louder than words.

우리말 뜻은 무엇인가요?

② 행동이 말보다 더 크게 말한다.

같은 의미의 우리 격언은 무엇인가요?

③ 말보다 행동 / 백 마디 말보다 한 번의 행동이 중요하다. / 백언불여일행(百言不如一行)

속담 줄기

이야기 하나 들려줄게요.

할아버지 한 분이 이른 아침에 해변으로 산책을 갔습니다. 해변은 지난밤 심한 폭풍우 때문에 불가사리로 가득 차 있었습니다. 태양은 막 뜨려 하고 불가사리들은 말라 죽어가고 있었지요. 그때 소년 하나가 해변에서 춤을 추고 있었습니다. 가까이 다가가 보니 그 소년은 춤을 추고 있는 게 아니었죠. 그는 허리를 숙여 불가사리 하나를 줍더니 할 수 있는 한 멀리 바닷물로 던지고 있었습니다.

할아버지가 궁금해서 물었습니다.

"뭘 하고 있냐?"

"불가사리를 바다에 던지고 있어요."

"얘야, 태양이 곧 떠오를 건데 불가사리는 셀 수 없이 많잖아. 넌 그것들을 전부 구할 수 없어."

소년은 움직임을 멈추지 않고 대답했습니다.

"저도 알아요. 하지만 이 불가사리를 바다에 던지면 이 불가사리의 생명 하나는 구할 수 있잖아요."

할아버지는 잠시 생각하더니, 불가사리 하나를 집어 들어 소년과 함께 바닷속으로 던졌습니다.

할아버지는 왜 소년과 함께 불가사리를 던졌나요? 우리말로 써도 괜찮습니다.

④ Ex) It's because he realized a small action could make a difference. (작은 행동 하나가 변화를 가져온다는 것을 깨달았기 때문입니다.)

속담 열매

이야기는 무엇이 변화를 만드는지 말해 주고 있습니다. 무엇인가요?

그건 바로 행동입니다.

내일이 다르기를 기대하면서 오늘 무슨 일을 했나요? 영어회화를 잘하고 싶어 책을 하나 샀지만 오늘 그 책에서 한 문장이라도 읽었나요? 좋은 사람이 될 거라고 말하지만 오늘 엄마나 형제(자매)들에게 다정하게 대했나요?

더 나은 내일을 위해 오늘 거창한 계획을 세울 필요는 없습니다. 매일 작은 일들을 행동으로 옮기면 변화가 생기고 여러분의 미래가 바뀝니다.

행동으로 말하세요.

속담을 암송하고 적어 볼까요?

⑤ Actions speak louder than words.

The harder you practice,
the luckier you get.
- Gary Player, golf player

연습을 많이 할수록
운이 더 좋아집니다.
- 게리 플레이어, 골프 선수

1% Inspiration and 99% Perspiration

1%의 영감과 99%의 땀

10,000 시간을 치열하게 연습하고 수련하면 누구든지 달인이 될 수 있다는 이론이 있습니다. 엄청난 시간이긴 하지만 평생 살아갈 600,000~700,000시간에 비하면 해 볼 만한 도전이지 않나요?

? makes perfect.

English likes rhythm very much. The best known rhythm is rhyme, a repetition of the ending sound such as inspi*ration* and perspi*ration*.

This proverb has rhythm from the same onsets. The onset is the beginning sound. That means _____ and "perfect" start with the same sound.

What makes something perfect? If you were poor at playing baseball, you could improve your ability by _____. It starts with *p*.

Please complete the proverb.

What does the proverb mean in Korean?

🦋 **rhythm** 리듬, 운율 **rhyme** 각운(라임) **repetition** 반복 **ending sound** 끝소리 **inspiration** 영감 **perspiration** 땀 **be poor at** ~에 서투르다 **baseball** 야구 **improve** 향상시키다

There are several matching Korean proverbs which deliver the same message. You can make it by doing it again and again. Please write down all you know.

Here is an interesting story about Li Bai.*

14. 1% Inspiration and 99% Perspiration **129**

He became one of the most famous poets in China but when he was young, he ran away from his school. He could not stand it because learning was so boring. When he reached the riverbank, an old woman was grinding something.

* Li Bai(이백)는 중국 당나라의 시인으로, 이태백이라고도 한다. 두보와 더불어 중국 문학 사상 최고의 시인으로 추앙받는 그는 술과 달, 방랑의 천재 시인으로 유명하다.

"What are you doing?"
"I'm making a needle."
"But it is an ax. How can you grind an ax into a needle?"
"It can become a needle as long as I don't quit in the middle."
Li Bai suddenly realized his mistake and went back to school.

What is the four-letter idiom from this story?

several 몇몇의 deliever 전달하다 message 메시지 make it 성공하다, 해내다
interesting 재미있는 poet 시인 run away 도망치다 located 위치한 stand 참다
learning 배움 boring 지루한 reach 도달하다 riverbank 강둑 grind 갈다 needle 바늘
ax 도끼 as long as ~하는 한 quit 그만두다 in the middle 중간에 suddenly 갑자기
realize 깨닫다 mistake 실수 four-letter idiom 사자성어

Have you heard of the "10,000-Hour Rule?"

It is said that it takes roughly ten thousand hours (3 hours every day for 10 years) of practice to achieve mastery in a field.

Malcolm Gladwell,* the writer of *Outliers*, studied successful people, such as Mozart, Beetles, Bill Gates,** Steve Jobs*** and concluded that there was no natural genius. They were given special opportunities to prepare themselves to master their skills. Working really hard is what successful people do.

* 말콤 글래드웰 (Malcolm Gladwell)은 저널리스트이자 경영 저술가로, 소위 천재라고 불리는 사람들을 연구한 그의 저서 〈아웃라이어*Outliers*〉에서 '1만 시간의 법칙'을 제시하며 성공은 끈기와 지구력, 의지의 산물임을 설명했다.

** 빌 게이츠(Bill Gates)는 세계 최대 소프트웨어 회사인 마이크로소프트 (Microsoft)의 공동 창립자로 세계 최고 부자 중 한 명이다.
*** 스티브 잡스 (Steve Jobs)는 세계에서 가장 혁신적인 기업 중 하나인 애플(Apple)을 만들었다.

You want to be successful but are you afraid of 10,000 hours of practice? We live for 600,000 to 700,000 hours until death. Why not use a small portion of them? Thomas Edison said, **"Genius is 1 percent inspiration and 99 percent perspiration."** Which one do you count on? Inspiration or perspiration?

Please recite the proverb and write it down.

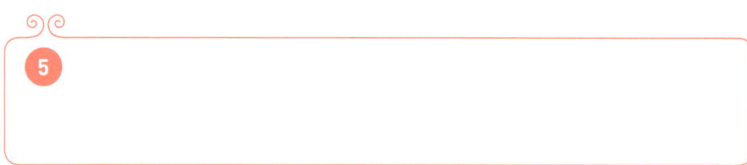

🍃 **hour** 시간 **rule** 규칙 **achieve** 성취하다 **roughly** 대충 **thousand** 천 **practice** 연습 **mastery** 통달 **field** 분야 **outlier** 통계의 이상치, 아주 비범한 사람 **successful** 성공적인 **conclude** 결론 내리다 **natural genius** 타고난 천재 **opportunity** 기회 **prepare** 준비하다 **master** ~에 통달하다 **be afraid of** ~을 무서워하다 **portion** 부분 **count on** ~을 믿다, 기대다

ONE POINT LESSON

천재로 알려진 사람들의 성공 비결(the secret)은 DNA가 아니라 (not in their DNA) 흘린 땀방울(but in their perspiration)에 있습니다. 자신의 역량이 부족하다(lack of capability)고 느낀다면 아직 충분히 준비가 되어 있지 않다(be not prepared enough)는 사실을 받아들이고 다시 기본으로 돌아가(back to basics) 열심히 연습하세요.

Answers & Translation

속담 씨앗

⬜❓ makes perfect.

영어는 리듬을 굉장히 좋아합니다. 가장 잘 알려진 것이 각운(라임)인데 inspiration과 perspiration 처럼 끝소리가 반복되는 운입니다.
이 속담에서는 같은 '온셋'을 통해 리듬을 얻습니다. 온셋은 첫소리인데 _____와 'perfect'의 첫소리가 같습니다.
무엇이 완벽함을 만들까요? 만약 야구를 잘 못한다면 _____를 통해 실력을 향상시킬 수 있겠죠. 'p'로 시작합니다.
속담을 완성시켜 보세요.

❶ Practice makes perfect.

우리말 뜻은 무엇인가요?

❷ 연습하면 완벽해진다.

속담 줄기

같은 뜻의 한국 속담이 여러 개 있습니다. 계속 반복해서 연습하면 이뤄 낼 수 있습니다. 알고 있는 속담을 모두 써 볼까요?

❸ 낙숫물이 바위를 뚫는다. / 무쇠도 갈면 바늘이 된다. / 열 번 찍어 안 넘어가는 나무 없다.

이백에 대한 재미있는 이야기를 들려드릴게요.
이백은 중국의 가장 유명한 시인 중 한 명이 되었지만 어렸을 때 학교에서 도망쳤던 적이 있습니다. 공부가 너무 지겨워서 참을 수 없었거든요. 강둑에 도착했더니 한 노파가 무언가를 열심히 갈고 있었습니다.

"무얼 하고 계세요?"
"바늘을 만들고 있단다."
"하지만 그건 도끼잖아요. 어떻게 도끼를 갈아 바늘을 만들어요?"
"내가 중간에 그만두지 않으면 바늘이 될 수 있단다."

이백은 갑자기 자신의 실수를 깨닫고 학교로 돌아갔습니다.
이 이야기로부터 비롯된 사자성어를 적어 보세요.

❹ 마부작침(磨斧作針) / 마부위침(磨斧爲針)

속담 열매

'1만 시간의 법칙'을 들어 본 적이 있나요?
한 분야에서 탁월해지려면 약 1만 시간(매일 3시간씩 10년)의 연습 시간이 필요하다고 합니다.
〈아웃라이어〉의 작가 말콤 글래드웰은 모차르트, 비틀즈, 빌 게이츠, 스티브 잡스와 같은 성공한 인물들을 연구했는데, 타고난 천재는 없다고 결론을 내렸습니다. 그들은 기술을 마스터하도록 사전에 준비할 수 있는 특별한 기회를 가졌습니다. 성공하는 사람들은 정말 열심히 합니다.
성공하고는 싶은데 1만 시간의 연습이 두려운가요? 우리는 죽을 때까지 60만 시간에서 70만 시간을 삽니다. 그 중 일부를 좀 쓰는 건 어떨까요?
토머스 에디슨은 **"천재는 1%의 영감과 99%의 땀"**이라고 말했습니다. 여러분은 무엇을 믿을 건가요? 영감인가요, 아니면 땀인가요?
속담을 암송하고 적어 보세요.

❺ Practice makes perfect.

14. 1% Inspiration and 99% Perspiration

Will it be easy?
Nope.
Worth it?
Absolutely.
- Unknown

쉬울까?
아니.
그만한 가치는 있어?
물론이지.
- 작자 미상

15 Easy Come, Easy Go
쉽게 들어온 것은 쉽게 나가는 법

'세상에 공짜는 없다.'는 말을 수없이 들어 봤을 겁니다. 그런데 이 말을 뒤집으면 무언가에 공(功)을 들이면 그 역시 공(空)으로 돌아가지 않는다는 뜻입니다. 공짜로 얻는 것도 없지만 정성을 쏟는다면 그만큼 돌려받는 것이 자연의 순리입니다.

The [?] fish swims near the bottom.

You are a fisherman. Which fish do you like to catch?

The "biggest" fish? But it's not always true that bigger is better. Please put the superlative of "good" in the blank.

Please complete the proverb and write it down.

1

The proverb says it swims near the bottom. "Bottom" is the floor of water.

What does the proverb mean in Korean?

2

near 근처 **bottom** 맨 아래 **fisherman** 어부 **biggest** 가장 큰 (big-bigger-biggest)
always 항상 **true** 진실한 **superlative** 최상급 **blank** 빈칸 **floor** 바닥

The matching Korean saying is about a big fish. Where does a big fish live?

3

Big or good fish swim deep in the water near the bottom. What does it mean to us?

Have you read Hemingway's *The Old Man and the Sea*?* The old man didn't catch any fish for 84 days. On the 85th day, he went very far in the sea. Why did he do that even though he knew it was very dangerous?

* *The Old Man and the Sea*(노인과 바다)는 노벨 문학상을 받은 미국의 소설가 헤밍웨이(Ernest Hemingway)의 대표작으로 고기를 잡으러 먼 바다에 나간 가난하고 늙은 어부의 이야기이다.

15. Easy Come, Easy Go **137**

It's because he wanted to catch the best fish. What is your best fish to catch in your life?

Whatever it is, it must be hard, painful or dangerous to get it.

🦋 **saying** 격언 **deep** 깊이 **catch** 잡다 **far** 멀리 **even though** 비록 ~하더라도 **dangerous** 위험한 **because** 왜냐하면 **whatever** 무엇이든지 **hard** 어려운 **painful** 고통스러운

To achieve the better one, you have to put more time and labor into it. The problem is you are not sure whether you can get it or not until the end. Will you go for it or give it up?

The law of conservation of energy will help your decision. Energy cannot be created or destroyed, but only transferred from one to another.

For example, your sister ran across the room and bumped into you. You were pushed hard to the floor. The law of conservation of energy explains that the kinetic energy of her running was transferred to another, causing your body to move to the floor, "Thump!"

The law guarantees that the energy made of your sweat and effort will not disappear. It might not return to you shortly but pays off definitely.

Easy come, easy go but hard come, hard go.

Please recite the proverb and write it down.

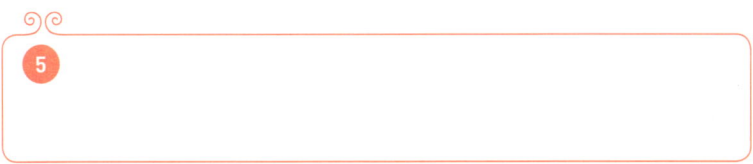

labor 노고, 노력 sure 확실한 whether ~인지 아닌지 until ~때까지 go for it 추진하다 give up 포기하다 law of conservation of energy 에너지 보존의 법칙 create 창조하다 destroy 파괴하다 transfer 이동하다 run across 가로질러 달려오다 bump into ~와 부딪히다 explain 설명하다 kinetic energy 운동 에너지 cause 야기하다 thump 쾅 하는 소리 guarantee 보장하다 sweat 땀 disappear 사라지다 return 되돌아오다 shortly 금방 pay off 보답을 하다, 성과를 올리다 definitely 분명히 Easy come, easy go. 쉽게 얻은 것은 쉽게 나간다.

ONE POINT LESSON

몇 곱절의 노력으로도(by redoubling efforts) 잡을까 말까 한 대어(a big fish), 꼭 잡으러 가야 할까요? 다행스럽게도 우리가 쏟아부은 에너지는 허무하게 사라지지 않고(do not evaporate in vain), 대어가 아닌 다른 모습으로라도 꼭 돌아온다고 하네요(never fail to return to you). 용기를 내세요(pluck up your courage)!

Answers & Translation

🌱 **속담 씨앗**

The [?] fish swims near the bottom.

여러분이 어부라면 어떤 물고기를 잡고 싶나요? 가장 큰 고기? 하지만 항상 더 크다고 더 좋은 것은 아닙니다. 빈칸에 good(좋은)의 최상급을 넣으세요. 속담을 완성하고 적어 보세요.

❶ The <u>best</u> fish swims near the bottom.

그것은 bottom 근처에서 헤엄친다고 하는데, 'bottom'은 물 밑바닥을 말합니다.
속담의 뜻은 우리말로 무엇인가요?

❷ 제일 좋은 물고기는 물 밑바닥 근처에서 헤엄친다.

🌱 **속담 줄기**

우리 속담은 큰 물고기에 대해서 말합니다. 큰 물고기는 어디에서 살지요?

❸ 큰 물에 큰 고기 논다.

크거나 좋은 물고기는 물 밑바닥 근처에서 삽니다. 그것이 우리에게 의미하는 것은 무엇일까요?
헤밍웨이의 〈노인과 바다〉를 읽어 보았나요? 노인은 84일 동안 고기를 한 마리도 못 잡다 85일째 되는 날, 먼 바다로 나갔습니다. 매우 위험한 일인 줄 알면서도 왜 그랬을까요?
최고의 물고기를 잡고 싶었기 때문입니다.
여러분이 인생에서 잡고 싶은 최고의 물고기는 무엇인가요?

❹ Ex) Entering college/ Passing the exam/ Winning a prize/ Writing a book/ Climbing Mount Everest and so on (대학 입학, 시험 합격, 상 받기, 책 쓰기, 에베레스트 등반 등)

그것이 무엇이든지 간에 잡으려면 힘들거나 고통스럽거나 위험할 겁니다.

🌱 **속담 열매**

더 나은 것을 성취하기 위해서는 더 많은 시간과 노고를 쏟아부어야 합니다. 문제는 그것을 얻을 수 있을지 또는 끝내 못 얻을지 확신할 수 없다는 겁니다. 계속 추진할 건가요, 아니면 포기할 건가요?
에너지 보존의 법칙이 여러분의 결심을 도와줄 겁니다. 에너지는 생성되지도 파괴되지도 않고 다만 한 형태에서 다른 형태로 이동됩니다.
예를 들어, 여동생(언니 또는 누나)이 방을 가로질러 달려와서 여러분에게 부딪혔습니다. 여러분은 바닥에 세게 넘어지고 말았습니다. 에너지 보존의 법칙으로 설명하면 달리는 여동생이 가진 운동 에너지가 다른 에너지로 전이되어 여러분의 몸이 바닥으로 '쾅' 내동댕이쳐진 것입니다.
이 법칙은 여러분의 땀과 노력으로 만들어진 에너지가 그냥 사라지지 않을 거라는 것을 보장합니다. 금방 돌아오지 않더라도 반드시 보상됩니다.
쉽게 얻은 것은 쉽게 나가지만, 어렵게 얻은 것은 쉽게 나가지 않습니다.
속담을 암송하고 적어 보세요.

❺ The best fish swims near the bottom.

15. Easy Come, Easy Go

*W*hen you carry out your plan,
your weaknesses like personality, habits or traumas
often let you down.
Don't beat yourself up.
Accept your weaknesses and get along with them.
And keep focusing on your strengths and
growing your dream.

계획을 행동에 옮길 때,
성격이나 습관, 또는 트라우마 같은 약점들로 인해
종종 기가 죽습니다.
자신을 탓하지 마세요.
자신의 약점을 인정하고 그것과 사이좋게 지내세요.
그리고 자신의 강점에 계속 집중하며
꿈을 키워 나가세요.

Part IV

When You Want to Jump Over Your Limits

자신의 한계를 뛰어넘고 싶을 때

Before you can change, you must "see" yourself in a new role.
- Maxwell Malts, *Psycho-Cybernetics*

변화하려면 그 전에 새로운 역할을 맡은 자기 자신을 '봐야만' 합니다.
– 맥스웰 몰츠, 〈사이코 사이버네틱스(성공의 법칙)〉

16 Seeing Is Believing
보면 믿게 됩니다

백 번 듣는 것보다 한 번 보는 것이 낫다는 말은 백 번 들어도 지당한 말입니다. 자신이 직접 본 것에 대해서는 소문에 흔들리지 않고 믿음을 가질 수 있지요. 그럼 보는 힘을 우리의 꿈에 적용시켜 보면 어떨까요?

A ❓ is worth a thousand words.

A thousand words are equal to a _____. In other words, a _____ is better than a thousand words.

We have five senses: Seeing, hearing, feeling, tasting and smelling. We hear "a thousand words" and we see a _____. It is another word for a photo.

Please complete the proverb and write it down.

1

What does the proverb mean in Korean?

2

 **be worth** ~의 가치가 있다 **thousand** 천 **be equal to** ~와 맞먹다 **in other words** 다시 말해서 **sense** 감각 **seeing** 시각 **hearing** 청각 **feeling** 촉각 **tasting** 미각 **smelling** 후각 **photo** 사진

We have a matching saying. Can you write it down?

3

A lot of examples show that seeing is powerful.

Picture yourself taking a bite of a sour lemon in your mind. Does your mouth water? It shows our unconsciousness cannot distinguish real things from imaginary ones. It believes whatever you see in the mind.

Seeing is so powerful that it affects and changes people.

Can you find other examples? Writing in Korean is all right.

🌿 **powerful** 강력한 **picture** ~을 상상하다, 마음속에 그리다 **take a bite of** ~을 한입 먹다 **sour** 신맛이 나는 **water** 침이 고이다 **unconsciousness** 무의식 **distinguish A from B** A와 B를 구별하다 **imaginary** 가상적인 **whatever** 무엇이든 **affect** ~에 영향을 미치다, 감동시키다

Seeing is believing. If you see something yourself, you will be able to believe it to be true.

That's why great mentors say, "Visualize your dream. It will help you make your dream actually come true."

While you visualize your dream, you have belief that you will be able to achieve it. That belief strengthens your determination to carry out your plan.

Can you describe your dream in detail?

> 5

It is not easy for you to picture your dream in detail, is it? It is okay you have a very rough picture at first. You can develop the details as you keep visualizing it. Finding a role model will be very helpful.

Picture your dream and believe in what you see.

Please recite the proverb and write it down.

> 6

🌱 **be able to** ~할 수 있다 **mentor** 스승, 멘토 **visualize** 마음속에 그리다, 상상하다 **actually** 실제로 **come true** 이루어지다, 실현되다 **while** ~하는 동안 **belief** 믿음 **achieve** 달성하다 **strengthen** 강화하다 **determination** 결심 **carry out** 수행하다, 완수하다 **describe** 묘사하다 **in detail** 자세히 **easy** 쉬운 **rough** 대강의, 거친 **develop** 발전시키다 **role model** 역할 모델, 모범이 되는 사람

ONE POINT LESSON

이루고 싶은 꿈(your cherished dream)을 매일 머릿속에 사진을 찍듯 그리면(visualize it like a photo) 마치 그 꿈이 이루어진 듯(as already complete) 믿어지고 그런 믿음(that belief)이 어려움에 쉽게 굴복하지 않을 힘(power that keeps you from giving in to adversity)을 줍니다.

Answers & Translation

속담 씨앗

A [?] is worth a thousand words.
천 마디 말은 _____ 하나와 같습니다. 달리 말하면 _____ 하나가 천 마디 말보다 더 나은 셈입니다.

우리에겐 다섯 가지 감각이 있습니다. 시각, 청각, 촉각, 미각, 후각입니다. 천 마디 말은 듣고(청각) 하나의 _____ 은 봅니다(시각). photo(사진)의 다른 말이기도 합니다.

속담을 완성해서 적어 보세요.

① A picture is worth a thousand words.

우리말 뜻은 무엇인가요?

② 그림 한 장이 천 마디 말과 같다.

속담 줄기

우리도 여기 해당하는 격언이 있습니다. 적어 볼까요?

③ 백 번 듣는 것보다 한 번 보는 것이 낫다. (백문이불여일견)

보는 것이 얼마나 강력한지 보여주는 예는 많습니다. 신 레몬을 한입 베어 무는 것을 머릿속에 그려 보세요. 입안에 침이 고이나요? 이것은 우리의 무의식이 실물과 상상의 것을 구별하지 못한다는 것을 보여 줍니다. 무의식은 마음속으로 보는 것은 무엇이든지 믿어 버립니다.

보는 것은 강력해서 사람들을 감동시키고 변화시킵니다.

다른 사례들을 찾아보겠어요? 한국어로 적어도 괜찮습니다.

④ Ex) Some people decide to stop smoking looking at shocking images on cigarette packs. (어떤 사람들은 담뱃갑에 그려진 충격적인 그림을 보고 담배를 끊기로 결심합니다.) **Some people order food only by judging the picture on the menu.** (어떤 사람들은 메뉴의 그림만 보고 음식을 주문합니다.)

속담 열매

봐야 믿을 수 있습니다. 무언가를 직접 보면 사실이라고 믿을 수 있게 됩니다.

그래서 훌륭한 스승들이 "꿈을 마음속에 그려 보세요. 그러면 실제로 꿈을 이루는 데 도움이 됩니다."라고 말하는 것이지요.

꿈을 시각화하는 동안 꿈을 이룰 수 있을 거라는 믿음을 가지게 됩니다. 그 믿음이 계획을 수행해 나갈 수 있는 결심을 강화시켜 줍니다.

여러분의 꿈을 자세하게 묘사할 수 있나요?

⑤ Ex) I am a great writer. My book signing is held at a large bookstore. I am so happy to meet my readers waiting for my autograph. Many people like to read my books. (나는 잘나가는 작가입니다. 내 책의 저자 사인회가 한 대형 서점에서 열립니다. 내 사인을 기다리는 독자들을 만나서 정말 기쁩니다. 많은 사람들이 내 책을 좋아합니다.)

꿈을 자세히 그리는 것이 쉽지 않죠? 처음에는 대강 그려도 괜찮아요. 계속 상상하다 보면 세부 사항을 발전시킬 수 있지요. 롤 모델을 찾으면 퍽 도움돼요. **여러분의 꿈을 그려 보고 보이는 대로 믿으세요.**
속담을 외우고 적어 보세요.

⑥ A picture is worth a thousand words.

16. Seeing Is Believing

"Is something wrong?" he asked her.
"Oh, Sam," she said. "My heart is breaking."
"I can fix that," said Sam.

- Louis Sachar, *Holes*

"뭐가 잘못되었나요?" 그가 그녀에게 물었습니다.
"오, 샘," 그녀가 말했죠. "가슴이 찢어지는 것 같아요."
"제가 고쳐 드릴게요," 샘이 말했습니다.

- 루이스 새커, 〈구덩이〉

17 Worry, Worry, Go Away

걱정아, 멀리 가 버려

하루 종일 얼마나 많은 걱정을 하나요? 걱정은 우리가 살아 숨 쉬는 한 끊임없이 우리를 찾아와 괴롭힙니다. 그런데 우리가 걱정하는 일의 대부분은 실제로 일어나지 않아요. 아무것도 아닌 일로 걱정할 필요는 없겠지요?

Let's Sow the Proverb

Don't [?] before you are hurt.

Babies _____ to let their parents hear their needs. Kids are likely to _____ before something bad happens. Think back to the day when you were waiting for a vaccination shot in your mom's arms. Tears welled up in your eyes before the needle came to you.

Please complete the proverb and write it down.

1.

What does the proverb mean in Korean?

2.

 **hurt** 다치게 하다 **needs** 욕구, 요구 **kid** 어린아이 **be likely to** ~하기 쉽다 **think back** 돌이켜 생각하다 **vaccination shot** 예방주사 **tear** 눈물 **well up** 솟아 나오다 **needle** 바늘

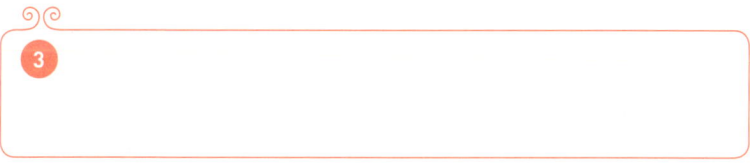

Let's find out the matching Korean proverb. You can say this to a person who worries about every small thing.

3

Here is a hen called Henny Penny. She believed the sky was falling when an acorn fell on her head. She hurried to set off to tell the King.

When she met other animals like a cock, a duck, a goose, and a turkey, she said "The sky is falling!" Other animals were surprised and went along with her to meet the King.

Their journey was over when they met a fox. The sly fox lied and lured all of them into its cave. What would happen to these animals?

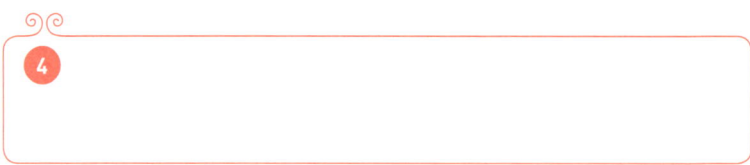

Henny Penny and other animals were doomed because they worried for nothing. Worries can spread easily to others. The only one, the fox who did not worry about the sky's falling could fill its stomach thanks to their worries.

worry 걱정하다; 걱정(거리) **hen** 암탉 **fall** 떨어지다, 무너지다(과거형 fell) **acorn** 도토리 **hurry** 서두르다 **set off** 출발하다 **cock** 수탉 **duck** 오리 **goose** 거위 **turkey** 칠면조 **be surprised** 놀라다 **journey** 여행 **be over** 끝나다 **fox** 여우 **sly** 교활한 **lie** 거짓말하다 **lure** 꾀다 **cave** 동굴 **be doomed** 최후를 맞다 **easily** 쉽게 **spread** 퍼지다 **fill** 채우다 **stomach** 위 **thanks to** ~ 덕분에

What if…?

Most of our worries start with "what if."
"What if it rains today?"
"What if I miss the train?"
"What if I don't pass the exam?"
A recent study shows 85% of what we worry about never happens. Then how can we stop worrying?

Denis Waitely, an American motivational speaker gives very useful advice.

"Change changeable,
 Accept unchangeable."

Whenever you are anxious about something, judge it if you can change it or not. **If you can change, fix it right away. If you can't, leave it.** Worrying in advance doesn't make things easier.

Please recite the proverb and write it down one more time.

5

🌱 **what if ~?** ~하면 어쩌지? **miss** 놓치다 **exam** 시험 **recent** 최근의 **study** 연구 **motivational speaker** 동기부여 연설가 **useful** 유용한 **advice** 충고 **changeable** 바꿀 수 있는 **accept** 받아들이다 **unchangeable** 바꿀 수 없는 **whenever** ~할 때마다 **anxious** 염려하는 **judge** 판단하다 **fix** 고치다 **right away** 즉시 **leave** 내버려두다 **in advance** 미리 **easier** 더 쉬운(easy의 비교급)

ONE POINT LESSON

위장병은 네가 먹는 음식 때문에 생기는 것이 아니라 너를 먹어 치우는 걱정 때문에 생긴다(You don't get ulcers from what you eat. You get them from what's eating you. - *quoted from Vicki Baum*)는 말이 있습니다. 걱정을 안 할 수는 없겠지만 걱정에 잡아먹혀(overwhelmed by worries) 걱정할 일을 만들어서는(make something to worry about) 안 되겠죠? 미리 울상 짓지 마세요(don't make a face in advance).

Answers & Translation

속담 씨앗

Don't [?] before you are hurt.
아기들은 부모에게 자신의 요구 사항을 알리기 위해 _____, 어린아이들은 종종 안 좋은 일이 일어나기 전에도 _____. 엄마 품 속에서 예방주사를 기다리고 있던 때를 돌이켜 보세요. 주삿바늘이 다가오기 전에 두 눈에서 눈물이 솟았지요.
속담을 완성하고 써 보세요.

① Don't <u>cry</u> before you are hurt.

우리말 뜻은 무엇일까요?

② 아프기도(다치기도) 전에 울지 말라.

속담 줄기

이에 해당되는 우리 속담을 찾아봅시다. 매사 작은 일에 대해 걱정부터 하는 사람들에게 이 말을 합니다.

③ 걱정도 팔자

헤니 페니라는 암탉이 있었습니다. 도토리 하나가 그녀의 머리 위에 떨어졌을 때, 헤니는 하늘이 무너지고 있다고 믿어 버렸죠. 왕에게 알려 주기 위해 서둘러 길을 떠났습니다.
수탉, 오리, 거위, 칠면조와 같은 다른 동물들을 만날 때마다 "하늘이 무너지고 있어!"라고 말했습니다. 다른 동물들은 깜짝 놀라 왕을 만나러 그녀를 따라 나섰습니다.
그들의 여행은 여우 한 마리를 만났을 때 끝이 났습니다. 교활한 여우는 그들 모두를 속여 자신의 동굴로 데리고 가 버렸지요. 이 동물들에게 무슨 일이 일어났을까요?

④ Ex) The animals must be killed and eaten by the fox. (그 동물들은 여우에게 잡아먹혔을 겁니다.)

헤니 페니와 다른 동물들은 아무것도 아닌 일을 걱정하다 최후를 맞았습니다. 걱정은 다른 사람들에게 쉽게 퍼지기도 하지요. 유일하게 하늘이 무너질 걱정을 하지 않았던 여우만이 그들의 걱정 덕분에 자신의 배를 채울 수 있었네요.

속담 열매

만약…?
대부분의 걱정은 '만약'으로 시작합니다.
'만약 오늘 비가 오면 어쩌지?'
'만약 기차를 놓치면 어떡하지?'
'만약 시험에 통과 못하면 어떡하지?'
최근의 연구에 의하면 우리가 걱정하는 일의 85%는 결코 일어나지 않는다고 합니다. 그럼 어떻게 걱정하는 것을 멈출 수 있을까요?
미국의 동기부여 강사인 데니스 웨이틀리가 매우 유용한 충고를 해 주고 있습니다.
"바꿀 수 있는 것은 바꾸고, 바꿀 수 없는 것은 받아들이세요."
걱정이 될 때마다 자신이 바꿀 수 있는 일인지 아닌지 판단해 보세요. **만약 바꿀 수 있다면 당장 고치세요. 고칠 수 없다면 그냥 내버려두세요.** 미리 걱정한다고 일이 쉽게 풀리지는 않습니다.
속담을 암송하고 다시 한 번 적어 보세요.

⑤ Don't cry before you are hurt.

F-E-A-R has two meanings: "Forget Everything And Run," or "Face Everything And Rise." The choice is yours.

- Zig Ziglar, author and speaker

F-E-A-R(공포)에는 두 가지 의미가 있습니다. '모든 것을 다 잊고 도망가라.' 아니면 '모든 것과 대면하고 일어서라.' 선택은 여러분의 몫입니다.

– 지그 지글러, 작가 · 연설가

18 Face Your Fear
공포와 마주하세요

세상에서 무엇이 제일 무섭나요? 혹시 다른 사람들은 아무렇지 않게 생각하는데 유독 나에게만 공포감을 주는 대상이 있나요? 이런 불편한 공포심에서 벗어날 수 있다면 삶이 한층 여유로울 텐데요. 우리를 위축시키는 공포를 이기는 방법은 없을까요?

Once bitten, twice .

You are bitten by something, and later you happen to meet it again. How do you react?

You may well draw back or run away from it.

_____ is usually used to describe a person who feels uneasy with others. _____ people don't like to speak out their thoughts or opinions. It starts with *s*.

Please complete the proverb.

1.

What does the proverb mean in Korean?

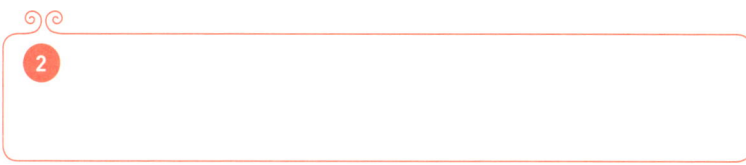

🍂 **once** 한 번 **bitten** 물린, bite(물다)의 과거완료 **twice** 두 번 **later** 나중에 **happen to** 우연히 ~하다 **react** 반응하다 **may well** (~하는 것도) 당연하다 **draw back** 움찔하다 **usually** 대개 **describe** 묘사하다 **uneasy** 불편한, 조마조마한 **speak out** 공개적으로 말하다 **thought** 생각 **opinion** 의견

Let's figure out the matching Korean proverb. The proverb talks about a person who was frightened to see a tortoise at first and surprised at the similar object later.

Is there anything you fear especially?

We call a very strong fear about something a phobia. Let's

18. Face Your Fear **163**

find out some interesting phobias. Guess what you would fear if you had a phobia below.

4
zoophobia _____   octophobia _____
telephonophobia _____ acrophobia _____
scolionophobia _____ claustrophobia _____

What about this?

5
koumpounophobia _____
(A hint! A person with this phobia never can wear clothes with one of these. Instead, they wear clothes with zippers.)

---

be frightened 놀라다, 겁먹다 **tortoise** 거북, 자라 **at first** 최초에 **be surprised** 놀라다 **similar** 비슷한 **object** 사물 **fear** 무서워하다; 공포 **especially** 특별히 **phobia** 공포증 **interesting** 재미있는 **guess** 추측하다 **below** 아래에 **clothes** 옷 **instead** 대신에 **zipper** 지퍼

Let's Reap the Proverb

The proverb says that fear is not a feeling, but a mental state. It often begins with a bad memory or experience.

Then is it possible to overcome fear?

Yes, but you have to face fear. For example, you fear dogs. One day you meet a dog alone in a narrow alley. The dog blocks the way and starts to bark at you. What will you do?

Don't run away. Instead analyze what you fear. The dog you're seeing is not a beast but a pet dog among 400 million ones in the world. It weighs about 1 to 5kg and is covered with long curly or short straight hair. Its black nose sniffs in every direction all the time. It has 28 or 42 teeth but rarely uses them to bite humans. Its barking is same as your feeling, being scared and alert.

When you face what you fear, analyze it scientifically. It is very hard when you are frozen by fear, but believe your reason can win over fear and keep trying it.

Will you recite the proverb and write it down?

mental state 심리 상태 **memory** 기억 **experience** 경험 **possible** 가능한 **overcome** 극복하다 **face** 마주하다 **alone** 홀로 **alley** 골목길 **block** 막다 **bark** 짖다 **instead** 대신에 **analyze** 분석하다 **beast** 짐승 **pet dog** 애완견 **400 million** 4억 **weigh** 무게가 ~나가다 **curly** 곱슬거리는 **straight** 곧게 뻗은 **sniff** 킁킁거리다 **in every direction** 사방으로 **rarely** 거의 ~하지 않는 **bite** 물다 **human** 사람 **scared** 무서워하는, 겁먹은 **alert** 경계하는 **scientifically** 과학적으로 **frozen** 얼어붙은, freeze(얼리다)의 과거분사 **reason** 이성 **win over** ~을 이기다, 극복하다

ONE POINT LESSON

그리스의 철학자(Greek philosopher) 디오게네스(Diogenes)는 "자신 이외에는 아무도 상처를 주지 않는다(No man is hurt but by himself)."라고 했습니다. 놀라고 상처 받은 기억 때문에 움츠러진다면(shy) 냉철한 분석으로(with cool-headed analysis) 공포를 무장 해제시킵시다(disarm fear).

Answers & Translation

속담 씨앗

Once bitten, twice [?].
한 번 무언가에 물리고 나서 나중에 우연히 같은 대상을 다시 만납니다. 어떻게 반응할까요?
당연히 움츠리거나 도망갈 겁니다.
_____는 대개 다른 사람들과 함께 있으면 어색하고 불편해 하는 사람을 묘사할 때 사용합니다. _____ 사람들은 자신의 생각이나 의견을 공개적으로 말하는 것을 싫어합니다. 's'로 시작하지요.
속담을 완성해 보세요.

① Once bitten, twice shy.

우리말 뜻은 무엇일까요?

② 한 번 물리면 두 번째는 움츠린다.

속담 줄기

여기 해당되는 한국 속담을 알아봅시다. 속담은 처음에 자라를 보고 놀란 사람이 나중에 비슷하게 생긴 것을 보고 놀란다고 말합니다.

③ 자라 보고 놀란 가슴 솥뚜껑 보고 놀란다.

특별히 무서워하는 것이 있나요?
무언가에 대한 강한 공포를 느낄 때 공포증이라고 부릅니다. 재미있는 공포증을 좀 알아볼까요?
만약 아래의 공포증을 가지고 있다면 무엇을 무서워하는 것인지 추측해 보세요.

**④ 동물 공포증, 전화 공포증
학교 공포증, 숫자 8에 대한 공포증
고소 공포증, 폐소 공포증**

이 공포증은 어떤가요?

⑤ 단추 공포증
(힌트! 이 공포증을 가진 사람은 이것이 하나라도 달려 있는 옷을 입을 수 없습니다. 대신 지퍼가 달린 옷을 입습니다.)

속담 열매

속담이 공포는 기분이 아니라 심리 상태라고 알려 주고 있습니다. 종종 나쁜 기억이나 경험으로부터 시작되지요.
그럼 공포를 극복할 수 있을까요?
네, 하지만 공포와 마주해야 합니다. 예를 들어 여러분이 개를 무서워한다고 칩시다. 어느 날 좁은 골목길에서 홀로 개와 마주쳤습니다. 그 개는 길을 막고 짖어대기 시작합니다. 어떻게 할 건가요?
도망치지 말고 두려워하는 대상을 분석하세요. 눈앞에 있는 개는 야수가 아니라 전 세계 4억 마리 애완견 중 한 마리일 뿐입니다. 1~5kg정도 무게가 나가고 온 몸이 길고 곱슬거리거나 짧고 곧은 털로 덮여 있습니다. 검은 코는 항상 사방으로 킁킁거립니다. 이빨은 28개 또는 42개가 있는데, 사람을 무는 데에는 거의 사용하지 않습니다. 개가 짖는 것은 여러분의 기분과 같습니다. 무섭고 경계하는 것입니다.
무서워하는 대상을 마주하면 과학적으로 분석하세요. 공포로 얼어붙어 있을 때는 무척 힘들지만 여러분의 이성이 공포를 이겨낼 수 있다고 믿고 계속 시도하세요.
속담을 암송하고 다시 한 번 적어 볼까요?

⑥ Once bitten, twice shy.

18. Face Your Fear

People are like stained-glass windows. They sparkle and shine when the sun is out, but when the darkness sets in,
their true beauty is revealed only if there is a light from within.
- Elisabeth Kübler-Ross, psychiatrist

사람들은 스테인드글라스 창문과 같습니다. 햇빛이 있을 때는 반짝이며 빛이 나지만 어둠이 깃들면 내부에 빛이 있을 때만 진정한 아름다움이 나타납니다.
- 엘리자베스 퀴블러 로스, 심리학자

Manners Talk
매너는 통합니다

보통 3분 안에 결정되는 첫인상이 마지막까지 변하지 않기도 합니다. 하지만 겉모습만 보고 내린 판단으로 낭패를 볼 때도 있습니다. 겉모습 뒤의 진짜 모습을 볼 수 있는 안목을 기르려면 어떻게 해야 할까요?

 **Let's Sow the Proverb**

Don't judge a book by its .

When you choose a book to read, how do you judge it?

Before leafing through the book, you probably read the title and see the _____ to decide if they attract you.

_____ is the outside of the book and starts with *c*.

Can you complete the proverb?

What does the proverb mean in Korean?

 **judge** 판단하다 **choose** 고르다 **leaf through** (책을) 대충 넘겨보다 **probably** 아마도 **title** 제목 **decide** 결정하다 **if** ~인지 아닌지 **attract** 끌다 **outside** 겉면

Can you figure out the matching Korean proverb? It says some traditional food cannot be judged by its cooking pot.

> 3

As you know, seeing has a strong influence on your mind. But it is hard to see through something or someone. You probably have an experience of being deceived by a cover or an appearance.

Let's make your own sayings from such experiences, like "Don't judge a snack by its package," or "Don't judge a woman by her make up."

figure out 알아맞히다　traditional 전통적인　pot 냄비, 솥　influence 영향　problem 문제　see through 꿰뚫어 보다　experience 경험　be deceived 속다　cover 표지　appearance 외모　own saying 자신만의 격언　snack 과자　package 봉지, 상자　make up 화장

You should read books and taste snacks to judge them rightly. Then how do you judge people?

Good looks, nice suit or talking skills can impress you. But the impression does not tell you everything about the person.

How do you see through a person? Is there any know-how you have?

An English saying says, "Manners maketh man." **Manners make you who you are.**

People reveal themselves through their words and actions. Watch how people behave themselves and how respectful they are of others.

Your manners define who you are as well. Learn good manners and use your good manners every day.

Please recite the proverb and write it down.

taste 맛보다 rightly 올바르게 good looks 잘생긴 용모 suit 정장 impress 인상을 주다(impression 인상) through ~을 통해 manners 예의, 매너 maketh make(만들다)의 3인칭단수형 고어 reveal 드러내다 through ~을 통해서 watch 지켜보다 behave oneself 예의 바르게 행동하다 respectful 공손한, 정중한 define 정의하다 as well 또한, 역시 learn 배우다

사람의 됨됨이(what they are)를 판단하는 데 예의범절만큼 믿을 만한 것은 없습니다(nothing more reliable than manners). 꽃이 향기를 발산하듯 말과 행동이 은연중에 그 사람을 드러내지요(betray themselves). 매너는 언제 어디서나 통합니다(manners talk).

Answers & Translation

속담 씨앗

Don't judge a book by its [?] .
읽을 책을 고를 때, 어떻게 판단하나요?
책장을 대충 넘기며 훑어보기 전에 아마 제목을 읽고 _____ 를 보면서 끌리는지 결정할 겁니다. _____ 는 책의 겉면이고 'c'로 시작합니다.
속담을 완성해 볼까요?

❶ Don't judge a book by its cover.

우리말 뜻은 무엇일까요?

❷ 겉표지로 책을 판단하지 말라.

속담 줄기

여기 해당하는 한국 속담을 알고 있나요? 속담에선 어떤 전통 음식이 그것을 조리하는 그릇에 의해 평가될 수 없다고 합니다.

❸ 뚝배기보다 장맛

알다시피, 보는 것은 우리들의 마음에 많은 영향을 끼칩니다. 그러나 사물이나 사람을 꿰뚫어 보는 것은 무척 어렵습니다. 포장이나 외모에 속아 본 경험이 아마 있을 겁니다.
그런 경험으로부터 자신만의 격언을 만들어 봅시다. 다음과 같이 말이에요.
'봉지를 보고 과자를 판단하지 말라.' 또는
'화장을 보고 여자를 판단하지 말라.'

❹ Ex) Don't judge a movie by its poster. (포스터만 보고 영화를 판단하지 말라.)
Don't judge a teacher by her or his appearance. (겉모습으로 선생님을 판단하지 말라.)
Don't judge a restaurant by its sign. (간판만 보고 식당을 판단하지 말라.)
Don't judge food by its look. (모양만 보고 음식을 판단하지 말라.)

속담 열매

책과 과자를 제대로 판단하기 위해 책은 읽으면 되고 과자는 먹으면 됩니다. 그러면 사람은 어떻게 판단할 수 있을까요?
잘생긴 용모, 멋진 양복, 뛰어난 말솜씨는 좋은 인상을 줍니다. 하지만 이런 인상이 그 사람에 대한 모든 것을 말해 주지는 않습니다.
사람은 어떻게 꿰뚫어 볼 수 있을까요? 여러분이 가지고 있는 노하우가 있나요?

❺ Ex) I watch how modest a person is. (얼마나 겸손한지 관찰합니다.)

'예의는 사람을 만든다.'라는 영국 속담이 있습니다.
예의는 여러분을 만듭니다.
사람들은 말과 행동을 통해 자신을 드러냅니다. 사람들이 예의 바르게 행동하면서 다른 사람들에게 공손한지 잘 지켜보세요.
여러분의 예의 또한 여러분이 어떤 사람인지를 나타냅니다. 좋은 매너를 배우고 매일 사용하세요.
속담을 암송하고 적어 보세요.

❻ Don't judge a book by its cover.

You will excel only by maximizing your strengths, never by fixing your weaknesses.
- Donald O. Clifton, *Now, Discover Your Strengths*

여러분은 강점을 극대화해야만 뛰어난 사람이 될 수 있습니다.
약점을 고쳐서는 결코 그렇게 될 수 없습니다.
- 도널드 O. 클리프턴, 〈위대한 나의 발견 강점 혁명〉

Get Along with Habits
습관과 사이좋게 지내세요

새해마다 결심하지만 작심삼일이 되곤 했던 것들이 있나요? 독서, 운동, 영어공부, 일찍 일어나기, 혹은 살 빼기? 나쁜 습관을 고치거나 좋은 습관을 들이기가 그만큼 어렵습니다. 어떻게 하면 될까요? 습관, 바꿀 수 있을까요?

Let's Sow the Proverb

A [?] cannot change its spots.

_____ is one of big cats. Which big cats have spots on their bodies? Write all you know.

1

A _____ lives in Africa and is often confused with a cheetah or jaguar. The first letter is *l*.

Please complete the proverb.

2

What does the proverb mean in Korean?

🍂 **spot** 점 **big cat** 대형 고양이과 동물 **Africa** 아프리카 **be confused with** ~와 헷갈리다 **cheetah** 치타 **jaguar** 재규어

What do the spots of a leopard stand for?

Here is a hint. Like a heroine or hero in an action movie, it is challenged a lot of times but it dies hard. What is it?

It is a habit.

We have a couple of Korean proverbs about habits which die hard. Can you write them all out?

4

Everybody has some good or bad habits. Why don't you put yours down? Writing in Korean is all right.

5 Good habits	Bad habits

How come you build those habits? Why do you think some are good and others are bad?

🍃 **leopard** 표범 **stand for** 나타내다 **habit** 습관 **heroine** 여자 영웅 **hero** 남자 영웅 **action movie** 액션 영화 **be challenged** 도전 받다 **die hard** 잘 죽지 않다, 죽기 힘들다 **a couple of** 두어 개의 **put down** 적다 **how come** 어찌하여 **build habits** 습관을 기르다

Confucius said, "All people are the same; only their habits differ."

All of us are born with the same nature but each of us grows differently depending on our environment. That is, habits are the products of our adjustment to the environment. They are prints of our personal life.

Do you like to change your prints? You can change your face by plastic surgery but you might kill the leopard by removing its prints.

That does not mean you should give in. **Just don't use too much energy to fight your bad habits.**

Save the energy to maximize your happiness and strengths. If you have new cool prints, you will not mind old ones.

Please recite the proverb and put it down.

Confucius 공자 differ 다르다 nature 본성 depending on ~에 따라 environment 환경 that is 즉, 말하자면 product 산물 adjustment 적응 print 무늬 personal 개인적인 plastic surgery 성형수술 remove 제거하다 give in 굴복하다 save 아껴 두다 maximize 극대화하다 strength 강점 cool 멋진 not mind 신경 쓰지 않다

ONE POINT LESSON

표범의 점(spots of a leopard)이 초원(grasslands)에서 살아남기 위한 진화의 무늬(the print of the evolution)이듯 습관(habits)은 우리가 환경에 적응하는 과정에서 만들어진 삶의 무늬(the print of our personal life)입니다. 나쁜 습관이 고쳐지지 않는다고 스트레스 받지 말고 (do not get stressed about bad habits dying hard) 새로 좋은 습관을 들여 (build good habits) 멋진 새 무늬를 가지는 것이 어떨까요?

Answers & Translation

속담 씨앗

A [?] cannot change its spots.
_____은 대형 고양이과 동물 중 하나입니다. 어떤 고양이과 동물의 몸에 점이 있나요? 모두 적어 보세요.

1 표범, 재규어, 치타

_____은 아프리카에 살고 있고 종종 치타나 재규어와 헷갈립니다. 첫 글자는 'l'입니다.
속담을 완성해 보세요.

2 A leopard cannot change its spots.

우리말 뜻은 무엇인가요?

3 표범은 자신의 무늬를 바꿀 수 없다.

속담 줄기

표범의 점은 무엇을 의미할까요?
힌트를 드릴게요. 액션 영화의 여주인공이나 남주인공처럼 수많은 도전을 받지만 여간해서는 죽지 않습니다. 무엇일까요?
바로 습관입니다.
우리도 잘 죽지 않는 습관에 대한 속담이 두어 개 있습니다. 모두 적어 볼까요?

4 세 살 버릇 여든까지 간다. / 제 버릇 개 못 준다.

누구나 좋거나 나쁜 습관이 있습니다. 적어 볼까요? 우리말로 써도 괜찮습니다.

5 Ex) [Good habits] getting up early, going to bed early, organizing, cleaning, exercising, laughing, eating healthy food, etc. (좋은 습관: 일찍 일어나기, 일찍 자기, 정리 정돈하기, 청소하기, 운동하기, 웃기, 건강식 먹기 등)
[Bad habits] biting off nails, shaking legs, blinking, thinking aloud, pouting, binge eating, misplacing, being forgetful, procrastinating, oversleeping, etc.
(나쁜 습관: 손톱 물어뜯기, 다리 떨기, 눈 깜박거리기, 혼자 생각을 크게 말하기, 토라지기, 폭식하기, 물건 제자리 안 놓기, 잘 까먹기, 꾸물거리기, 늦잠자기 등)

어쩌다가 이런 습관들이 생긴 걸까요? 왜 어떤 습관은 좋고 또 어떤 습관은 나쁘다고 생각하나요?

속담 열매

공자님은 "사람의 본성은 다 같지만 습성이 차이를 만든다."라고 하셨습니다.
우리는 똑같은 본성을 가지고 태어나지만 환경에 따라 각자 다르게 성장합니다. 즉 습관은 환경에 적응하면서 생긴 산물입니다. 개인적인 삶의 무늬인 셈이지요.
무늬를 바꾸고 싶나요? 얼굴은 성형수술로 고칠 수 있지만 표범의 무늬를 제거하려면 표범을 죽일 수도 있습니다.
그렇다고 포기하라는 뜻은 아닙니다. **나쁜 습관과 싸우느라 너무 많은 힘을 쓰지 마세요.**
힘을 아껴 두었다 여러분의 행복과 강점을 극대화하세요. 새로운 멋진 무늬가 생기면 옛 무늬는 신경 쓰지도 않을 겁니다.
속담을 암송하고 적어 보세요.

6 A leopard cannot change its spots.

Don't try to solve all the problems by yourself.
A little bit of blessing and support
from people around you will help you
no matter where you are or
what you do.

모든 문제를 혼자서 해결하려고 하지 마세요.
주위 사람들로부터 받는
약간의 축복과 지지가 여러분을 도와줄 겁니다.
여러분이 어디에 있든지 또는
무슨 일을 하든지요.

And let your best be for your friend
If he must know the ebb of your tide,
let him know its flood also.
For what is your friend that you should seek him
with hours to kill?
Seek him always with hours to live.
For it is his to fill your need, but not your emptiness.
- Khalil Gibran, *The Prophet*

친구를 위해 최선을 다하세요.
친구가 당신의 조류가 썰물처럼 빠져나가는 것을 안다면
당신의 물결이 흘러넘칠 때도 알게 하세요.
시간을 때우기 위해 친구를 찾는다면
그게 무슨 친구인가요?
함께 살아갈 시간을 보내기 위한 친구를 항상 구하세요.
친구는 당신의 공허감이 아니라 당신의 부족함을 채워 주는 존재입니다.
- 칼릴 지브란, 〈예언자〉

21 Friendship Is Earned
우정은 힘들여 얻는 것

친구 없는 세상을 상상할 수 있을까요? 고마운 친구, 따뜻한 친구, 재미있는 친구, 가끔씩 얄미운 친구, 잘 만날 수 없어 그리운 친구, 둘도 없는 친구, 겉으로만 친한 친구 등. 소중한 친구들에게 나는 어떤 친구일까요?

A friend in ⓘ is a friend indeed.

When you are in danger or in trouble, you can say, "I'm in _____." I'm in _____ means I _____ help. _____ can be a noun or a verb. It starts with *n*.

In addition, _____ rhymes with "ind*eed*" which means "truly."

Can you complete the proverb?

1.

What does the proverb mean in Korean?

2.

indeed 진정으로　**in danger** 위험에 직면해서　**in trouble** 곤경에 빠져서　**noun** 명사
verb 동사　**in addition** 게다가　**rhyme** 각운을 이루다　**truly** 진심으로, 정말로

Do you know the fable of Aesop,* "Two Travelers and a Bear?"

Two friends who were traveling together met a bear in the forest. One climbed up a tree quickly and the other was left alone. He fell flat on the ground and pretended to be dead. The bear sniffed and went away.

* Aesop(이솝)은 고대 그리스의 우화 작가로 〈이솝이야기 *Aesop's Fables*〉를 지었다고 전해진다. 인간은 물론 여우, 토끼, 곰, 개, 쥐 등 다양한 동물이 등장하는 이솝 이야기 속에는 삶의 지혜와 교훈이 녹아 있어 어린이 교육에 특히 많이 활용된다.

After the bear was gone, the one on the tree climbed down and asked his friend what the bear said. His friend answered, "Never travel with a friend who deserts you in danger."

We call this kind of friend a fair-weather friend. Fair weather is good weather. Can you figure out what a fair-weather friend means?

21. Friendship Is Earned **189**

3

🌿 **fable** 우화 **Aesop** 이솝 **traveler** 여행자 **bear** 곰 **forest** 숲 **one~, the other~** 하나는 ~, 다른 하나는 ~ **climb up** 올라가다 **quickly** 재빠르게 **be left alone** 홀로 남겨지다 **flat** 납작하게 **ground** 땅 **pretend** ~인 척하다 **dead** 죽은 **sniff** 킁킁거리며 냄새를 맡다 **desert** 버리다 **fair-weather friend** 좋을 때만 친구가 되는 사람 **fair weather** 쾌청한 날씨

Let's Reap the Proverb

Do you have true friends who will run to you when you are in need? Don't you have any fair-weather friends around you?

Kahlil Gibran* said, "Your friend is your field which you sow with love and reap with thanksgiving." That is, friendship is earned, not given.

* Kahlil Gibran(칼릴 지브란)은 레바논에서 태어나 미국과 유럽에서 활동한 작가로, 인류의 사랑과 평화에 대한 기원을 노래하고 그림으로 그렸다. 그의 대표작 〈예언자 *The Prophet*〉는 사랑, 우정, 결혼, 자녀, 종교, 죽음 등 인생의 주요한 주제에 대한 진리를 들려준다.

In order to earn something, you should give something valuable first.

Do you have a friend you can count on? If you say, "No," you should hurry. True friendship is more valuable than gold and gem. Don't calculate benefits when you help friends in need.

It says a true friend is a person who will be with you to the end of life. That's why the word, "friend" has "end" inside. Fair-weather friends lack endurance and endeavor. They leave you when it rains.

What kind of a friend do you want to be? **Are you ready to stand by your friend in rain or shine?**

Please recite the proverb and write it down.

🌱 **field** 밭 **sow** 씨 뿌리다 **reap** 거두다 **thanksgiving** 감사 **friendship** 우정 **earn** 벌다 **valuable** 귀중한 **count on** ~에 의지하다 **gem** 보석 **calculate** 계산하다 **benefit** 이득 **in need** 어려움에 처한 **inside** 안에 **lack** ~이 없다, 부족하다 **endurance** 인내 **endeavor** 노력 **leave** 떠나다 **stand by** ~의 곁을 지키다(변함없이 지지하다) **in rain or shine** 비가 오나 해가 뜨나

ONE POINT LESSON

누구도 내 삶의 짐을 대신 들어 줄 수 없지만(nobody can carry the burden of my life on behalf of me), 함께 걸어가는 친구(a buddy walking alongside me)가 있다면 끝까지 갈 수 있습니다. 그런 복된 동행(blessed company)은 노력해야 얻을 수 있는 산물(harvest of hard work)이라는 것은 두말할 필요가 없겠죠(needless to say)?

Answers & Translation

속담 씨앗

A friend in ? is a friend indeed.
위험이나 곤란한 상황에 처해 있을 때, '난 _____ 에 처해 있다.'고 말할 수 있습니다. '내가 _____ 에 처해 있다'는 의미는 '도움이 _____ 하다'는 뜻입니다. _____ 는 명사 또는 동사가 될 수 있습니다. 'n'으로 시작합니다. 게다가 '진정으로'라는 뜻을 가진 'indeed'와 각운을 이루고 있습니다.
속담을 완성할 수 있나요?

1 A friend in <u>need</u> is a friend indeed.

우리말 뜻은 무엇일까요?

2 힘들 때 도와주는 친구가 진정한 친구이다.

속담 줄기

이솝 우화 '두 명의 나그네와 곰'을 알고 있나요? 여행을 하던 두 친구는 숲 속에서 곰을 만났습니다. 한 명은 재빨리 나무를 타고 올라갔지만 다른 친구는 혼자 남겨졌습니다. 그는 바닥에 납작하게 엎드려 죽은 척했습니다. 곰은 킁킁 냄새를 맡더니 가 버렸습니다. 곰이 가 버린 후, 나무에 있던 친구가 내려와 다른 친구에게 곰이 뭐라고 했냐고 물었습니다. 죽은 척 했던 친구가 대답했습니다. "위험에 처한 친구를 버리는 친구와는 절대 여행을 같이 가지 말라더군." 우린 이런 종류의 친구를 'fair-weather 친구'라고 부릅니다. fair weather는 좋은 날씨를 말하지요. fair-weather 친구가 무슨 뜻인지 짐작할 수 있겠어요?

3 Ex) A fair-weather friend is a friend who stands by me only when I am in a good situation. (좋은 날씨 친구란 내 상황이 좋을 때만 곁에 있어 주는 친구입니다.)

속담 열매

도움이 필요할 때 달려와 줄 진정한 친구가 있나요? 주위에 좋을 때만 친구인 사람은 없나요?
칼릴 지브란은 "친구란 사랑으로 씨를 뿌리고 감사의 마음으로 추수하는 밭과 같다."라고 했습니다. 즉 우정은 주어지는 것이 아니라 힘들게 얻는 것입니다. 무언가를 얻으려면 소중한 것을 먼저 내주어야만 합니다.
의지할 수 있는 친구가 있나요? 만약 없다면 어서 서두르세요. 진정한 우정은 금이나 보석보다 더 가치 있습니다. 곤경에 처한 친구를 도울 때 이득을 따지지 마세요.
진정한 친구는 삶이 끝날 때까지 함께하는 사람이라고 합니다. 그래서 단어 'friend' 안에 'end(끝)'가 들어 있습니다. 좋을 때만 친구인 사람은 참을성과 노력이 부족합니다. 비가 오면 여러분을 두고 가 버리지요.
여러분은 어떤 친구가 되고 싶나요? **비가 오나 해가 뜨나 친구 곁에 서 있을 준비가 되었나요?**
속담을 암송하고 적어 보세요.

4 A friend in need is a friend indeed.

A value is like a fax machine; it's not much use if you're the only one who has one.
- Kwame Anthony Appiah, philosopher

가치는 팩스와 같습니다. 만약 당신이 팩스를 가지고 있는 유일한 사람이라면 그것은 별로 소용이 없습니다.
- 콰메 앤터니 애피아, 철학자

Are You a Good Partner?
당신은 좋은 파트너인가요?

세상에는 상대가 필요한 일이 참 많습니다. 눈을 맞추며 대화를 할 때, 배드민턴을 칠 때, 문자와 메일을 주고받을 때 우리는 그것을 함께 할 사람이 필요합니다. 온라인 게임조차도 혼자서는 할 수 없는 경우가 있지요. 혼자 밥을 먹거나 혼자 놀 수도 있지만, 여전히 혼자 할 수 없는 일이 더 많은 곳이 우리가 사는 세상입니다.

It takes two to .

"Two" means two people. That is, it needs two people to do _____.

It is a partner dance originating from Argentina in Lain America. _____ has the same onset of "takes" and "two."

Can you complete the proverb?

What does the proverb mean in Korean?

❦ **that is** 즉 **partner dance** 사교댄스 **originate** 비롯되다 **Argentina** 아르헨티나 **Latin America** 남미 **onset** 첫 음운

The matching Korean proverb says that we need two hands to clap. Can you figure it out?

What activities need a partner, like tango?

Many sports need a partner or team members to do with.

In English, some sports are combined with "play" and others with "go." Can you apply them properly?

Please write "play" or "go" before the sports below.

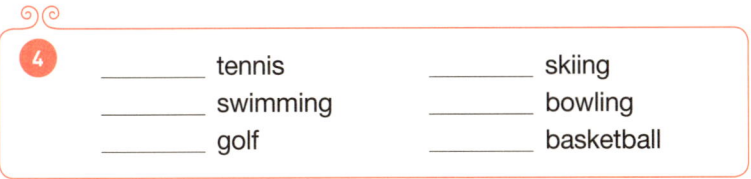

_____ tennis   _____ skiing
_____ swimming   _____ bowling
_____ golf   _____ basketball

You *play* tennis, golf and basketball, but *go* swimming, skiing and bowling.

You *play* soccer, baseball, badminton, table tennis, hockey, volleyball, rugby, cricket, go, chess, pool!

You *go* skating, hiking, fishing, shooting!

Can you figure out the difference? Why do some sports need "play" and others need "go?"

　　clap 손뼉을 치다 activity 활동 tango 탱고 some ~, others ~ 어떤 것은 ~ 다른 것은 ~ be combined with ~와 결합하다 properly 적절하게 tennis 테니스 swimming 수영 golf 골프 skiing 스키 bowling 볼링 basketball 농구 soccer 축구 baseball 야구 badminton 배드민턴 table tennis 탁구 hockey 하키 volleyball 배구 rugby 럭비 cricket 크리켓 go 바둑 chess 체스 pool 당구 hiking 등산 fishing 낚시 shooting 사냥

As you may guess, the sports to "go" are usually done by yourself. You can have company but technically you can do it alone. On the other hand, the sports to "play" need partners or other players.

Look! Which sports are more? Sports to play or sports to go?

It is natural that you have more fun when you have a partner or team members to do it together. If you are lucky to have good partners, the activity will be really enjoyable.

How can you get a good partner? It's very simple. Be the good one first.

Recite the proverb and write it down.

usually 대개 by oneself 혼자서 company 함께 있는 사람 technically 기술적으로, 실질적으로 alone 홀로 on the other hand 반면에 more 더 많은 (many의 비교급) natural 당연한 enjoyable 즐거운 simple 간단한

ONE POINT LESSON

바보라는 뜻의 idiot은 고대 그리스(ancient Greece)에서 다른 사람들과 함께 하는 대외 활동에 참여하지 않는 사람(a person who is unwilling to join public activities)을 일컫던 말이었습니다. 아무리 똑똑하고 잘났어도(however smart and remarkable) 다른 사람들과 함께 하는 일에 서툰 사람은 지금도 바보(idiot)입니다.

Answers & Translation

속담 씨앗

It takes two to [?].

둘(two)은 두 사람을 의미합니다. 즉, _____ 하기 위해서 두 사람이 필요합니다.
이것은 파트너가 필요한 춤으로 남미, 아르헨티나에서 시작되었습니다. _____의 첫 음운은 'takes'와 'two'의 첫 음운과 같습니다.
속담을 완성할 수 있나요?

1 It takes two to tango.

우리말 뜻은 무엇일까요?

2 두 사람이 있어야 탱고를 출 수 있다.

속담 줄기

같은 의미의 우리 속담은 손뼉을 치려면 양손이 필요하다고 말합니다.

3 손뼉도 마주쳐야 소리가 난다.

어떤 활동이 탱고처럼 파트너가 필요할까요?
많은 운동 경기는 파트너나 팀 멤버가 필요합니다. 영어에서 어떤 스포츠는 play와 결합하고 다른 스포츠는 go와 결합합니다. 두 동사를 제대로 적용할 수 있나요?
아래 스포츠 앞에 play 또는 go를 넣어 보세요.

4
play tennis
go swimming
play golf
go skiing

go bowling
play basketball

테니스, 골프, 농구는 'play'하고 수영, 스키, 볼링은 'go'합니다.
축구, 야구, 배드민턴, 탁구, 하키, 배구, 럭비, 크리켓, 바둑, 체스, 당구는 'play'합니다.
스케이트, 하이킹, 낚시, 사냥은 'go'합니다.
둘의 차이를 알겠어요? 왜 어떤 스포츠는 paly를 쓰고 다른 스포츠는 go를 쓸까요?

속담 열매

눈치챘듯이 'go'하는 스포츠는 주로 혼자서 하는 것입니다. 함께 하는 사람이 있을 수 있지만 실질적으로 혼자서 할 수 있는 운동입니다. 반면에, 'play'하는 스포츠는 팀원이나 파트너가 필요합니다.
보세요! 'play'하는 스포츠와 'go'하는 스포츠 중 어느 스포츠가 더 많은가요?
파트너나 팀원과 함께 하면 당연히 더 즐겁습니다. 만약 운이 좋아 좋은 파트너를 얻는다면 그 활동은 정말 즐거울 겁니다.
어떻게 하면 좋은 파트너를 얻을 수 있을까요? 아주 간단합니다. 먼저 좋은 파트너가 되세요.
속담을 암송하고 적어 봅시다.

5 It takes two to tango.

22. Are You a Good Partner?

A dream we dream alone is only a dream,
but the dream we dream together is reality.
- Yoko Ono, artist

홀로 꾸는 꿈은 단지 꿈일 뿐이지만
함께 꾸는 꿈은 현실이 됩니다.
- 오노 요코, 예술가

23 Together is Better
함께할수록 더 좋아요

'병은 자랑하라'는 말이 있습니다. 문제가 있으면 그것을 널리 알리라는 말이지요. 많은 사람들이 함께 고민할수록 좋은 해결책이 나올 수 있기 때문입니다. 긴장하고 두려울 때에도 함께한다면 든든합니다. 여럿이 함께하면 격려와 응원 덕분에 힘든 것도 잊고 해낼 수 있습니다.

Two ? are better than one.

When two people work together, they have a better chance of solving a problem than when one person does it alone.

_____ is a part of a body which has brain.

Why don't you complete the proverb? Be careful of the number agreement with "two."

What does the proverb mean in Korean?

🌸 **together** 함께　**have a better chance** 가능성이 더 많다　**solve** 풀다　**brain** 뇌　**why don't you** ~하는 게 어때?　**be careful of** ~을 조심하다　**number agreement** 수의 일치

The matching Korean proverb says that two people are better even when they carry a sheet of paper. What is it?

❸

Many things can be done easily and happily along with others. What things do you like to do together? You can write them in Korean if you want to.

❹

23. Together is Better　**205**

In the future, teachers and books might be replaced by computers, but school will remain. Why?

According to a Harvard* research paper, the secret of happiness is not having a lot of money or big successes but keeping good relationships with people around you. School is the best place where we can learn how to make relationships with others.

> * Harvard(하버드)는 매사추세츠 주 케임브리지에 있는, 1636년에 설립된 미국에서 가장 오래된 대학이다. 아이비리그(Ivy League, 미국 북동부 지역의 8개 사립대학) 최고의 명문 사학으로 전 세계에서 현재까지 가장 많은 노벨상 수상자와 가장 많은 미국 대통령을 배출했다.

even 심지어 **carry** 옮기다, 나르다 **a sheet of paper** 종이 한 장 **easily** 쉽게 **along with** ~와 함께 **future** 미래 **replace** 대체하다 **remain** 여전히 존재하다 **according to** ~에 의하면 **research paper** 연구 논문 **secret** 비밀 **happiness** 행복 **success** 성공 **not A but B** A가 아니라 B **relationship** 관계 **place** 장소 **learn** 배우다

We live in the web of connections from birth to death. Sometimes we are frustrated in the entangled relationship.

How do we solve this problem?

The golden rule gives us an answer. It has many versions throughout the world.

The Bible says, "Treat others the way they themselves like to be treated."

Confucius said, "Do not impose on others what you yourself do not desire."

Buddha said, "One should seek for others the happiness one desire for oneself."

Why do they call these sayings the rule? If anyone applies it, it will lead to the happy ending. It never fails. Now **it's time to use this golden rule as the key to open the door between different people and be happy together.**

Please recite the proverb and write it.

web 거미줄, 망 **connection** 연결 **from birth to death** 태어나서 죽을 때까지 **sometimes** 때때로 **frustrated** 좌절한 **entangled** 얽기설기 얽힌 **relationship** 관계 **golden rule** 황금률, 행동의 기본 원리 **version** 버전, 판 **throughout** 도처에 **the Bible** 성경 **treat** 대접하다 **Confucius** 공자 **impose on** ~에게 강요하다, 부과하다 **desire** 원하다 **Buddha** 석가모니 **seek** 추구하다 **rule** 규칙, 규율 **apply** 적용하다 **lead to** ~로 이어지다 **fail** 실패하다 **different** 다른, 각양각색의

인류는 함께 살아가는 법(living together)을 터득했기 때문에 지금까지 번성해 왔고(have thrived) 함께 미래를 꿈꿀 수 있습니다(can dream about the future together). 건강한 관계 맺기는(building good relationship) 현대인에게도 선택이 아니라 필수입니다(not an option but a must-do).

Answers & Translation

속담 씨앗

Two [?] are better than one.
두 사람이 함께 일할 때, 혼자일 때보다 문제를 해결할 가능성이 더 높습니다.
_____ 은 몸의 한 부분으로 뇌가 있는 곳입니다.
속담을 완성해 볼까요? 'two'와 수를 일치시키는 것에 주의하세요.

1 Two heads are better than one.

우리말 뜻은 무엇인가요?

2 두 사람이 한 사람보다 낫다.

속담 줄기

여기 해당하는 우리 속담은 종이 한 장을 들더라도 두 사람이 더 낫다고 말하고 있습니다. 무엇인가요?

3 백지장도 맞들면 낫다.

다른 사람들과 함께 할 때 더 쉽고 행복하게 할 수 있는 일이 많습니다. 여러분은 어떤 일을 함께 하는 것을 좋아하나요? 원하면 한국어로 적어도 됩니다.

4 Ex) chatting, cooking, watching movies, cleaning, researching, walking, hiking, etc. (수다 떨기, 요리, 영화 보기, 청소, 연구, 걷기, 등산 등)

미래에 선생님과 책은 컴퓨터로 대체될지도 모르지만 학교는 여전히 존재할 겁니다. 왜일까요?
하버드 대학의 연구 논문에 의하면, 행복의 비밀은 돈을 많이 가진 것이나 큰 성공이 아니라 주위 사람들과 좋은 관계를 유지하는 데 있다고 합니다. 학교는 타인과 관계 맺는 법을 배울 수 있는 최적의 장소입니다.

속담 열매

우리는 태어나서 죽을 때까지 거미줄 같은 연결망 속에서 살아갑니다. 때로는 얼기설기 얽힌 관계 속에서 좌절합니다. 이 문제를 어떻게 풀까요?
황금률이 답을 줍니다. 황금률은 전 세계적으로 여러 가지 버전이 있습니다.
성경에선 "남에게 대접을 받고자 하는 대로 너희도 남을 대접하라."라고 합니다.
공자님은 "자신이 하고 싶지 않은 일을 다른 사람에게 시키지 말라."라고 하셨습니다.
부처님은 "자신이 바라는 행복을 다른 사람들을 위해서도 추구하라."라고 말씀하셨습니다.
왜 이런 말씀들을 규율이라고 부를까요? 누구든지 이 규율을 적용하면 해피 엔딩으로 귀결되기 때문입니다. 절대 실패하지 않지요. 이제 이 **황금률이라는 열쇠로 각양각색의 사람들 사이의 문을 열고 다 함께 행복해질 시간입니다.**
속담을 암송하고 적어 보세요.

5 Two heads are better than one.

There is no such thing as bad weather,
only different kinds of good weather.
- John Ruskin, art critic

나쁜 날씨는 없습니다.
여러 종류의 좋은 날씨가 있을 뿐.
- 존 러스킨, 예술 비평가

24 Put Yourself in Others' Shoes
다른 사람의 입장이 되어 보세요

오해로 인해 관계가 멀어졌거나 누군가를 원망해 본 적이 있나요? 시간이 흘러 오해가 풀려도 너무 늦어 안타까울 때가 있습니다. 우리가 아는 것이 전부인 양 여기는 오만을 버리고 오해를 이해로 예방하는 방법은 없을까요?

One man's trash is another man's .

What is trash? Yes, it's waste and useless.

Have you ever been mad because other people neglect what you care for? It is precious to you but just trash to them.

_____ has an opposite meaning but the same onset of "trash." It starts with *tr*.

Can you complete the proverb and write it down?

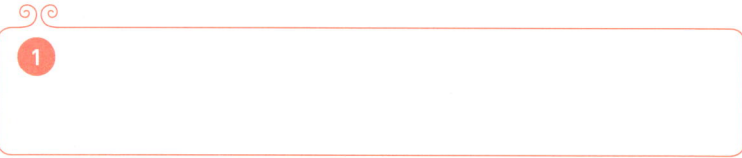

What does the proverb mean in Korean?

🍃 trash 쓰레기 waste 폐기물 useless 쓸모 없는 mad 굉장히 화가 난 neglect 무시하다 care for ~을 좋아하다 precious 귀중한 onset 첫 음운 opposite 반대의

Here is a story about a lion and a cow.

They loved each other and finally got married. The lion went hunting every day and brought the best part of meat to the cow. The cow woke up early, grazed all day long and brought the freshest grass to the lion.

Did they live happily?

The lion loved the cow so much but the gift of grass was weird. He snorted contemptuously. The cow loved the lion but the bleeding meat from the lion was really disgusting. She felt sick.

They finally separated.

Their friends were curious about what happened to them. The lion roared, "I don't understand her. I did my best!" The cow wept, "He was so mean. I used my every effort."

Did anyone of them lie?

No. They did their best indeed. Then what was wrong with them?

🍂 **cow** 암소 **each other** 서로 **get married** 결혼하다 **go hunting** 사냥하러 가다 **brought** bring(가지고 오다)의 과거 **graze** 풀을 뜯다 **all day long** 하루 종일 **freshest** fresh(신선한)의 최상급 **gift** 선물 **weird** 이상한 **snort** 콧방귀를 뀌다 **contemptuously** 경멸스럽게 **bleeding** 피를 흘리는 **disgusting** 혐오스러운 **finally** 마침내 **separate** 헤어지다 **curious** 궁금한 **roar** 으르렁거리다 **do one's best** 최선을 다하다 **wept** weep(눈물을 흘리다)의 과거 **mean** 비열한 **lie** 거짓말하다 **wrong** 잘못된

Sometimes the best for me can be the worst to another like the lion's meat to the cow and the cow's grass to the lion.

There are a lot of situations showing that the same thing is taken differently from person to person. For example, one man's music is another man's noise.

Let's make your version like that.

Whenever you don't understand others, keep in mind that your best is not always right and being different from you is not bad.

Put yourself in their shoes and respect others as you want to be respected.

Let's recite the proverb and put it down.

4

🌱 **a lot of** 많은 **situation** 상황 **take** 받아들이다 **differently** 다르게 **from person to person** 사람마다 **version** 판, 버전 **whenever** ~할 때마다 **keep ~ in mind** ~을 명심하다 **right** 옳은 **put oneself in someone's shoes** 다른 사람의 입장에서 생각하다(역지사지) **respect** 존중하다

내 방식대로 최선을 다했다고(doing your best in your way) 다른 사람도 행복할 것이라고 믿지 마세요(don't trust that it means others are happy about it). 나와 다르다고 옳지 않은 것은 아닙니다(being different from you does not mean being wrong). 서로 존중하고 이해하는 마음으로(with mutual respect and understanding) 다른 사람의 욕구에도 귀 기울여 주세요(listen to desire from others).

Answers & Translation

속담 씨앗

One man's trash is another man's ❓.
쓰레기가 무엇인가요? 버리는 것, 쓸모 없는 것입니다.
다른 사람이 여러분이 좋아하는 것을 무시해서 화가 난 적이 있나요? 여러분에겐 소중하지만 그들에겐 쓰레기일 뿐입니다.
_____ 는 trash(쓰레기)와 반대의 뜻을 지녔고 첫소리는 같습니다. 'tr'로 시작합니다.
속담을 완성하고 적어 볼 수 있나요?

> ❶ One man's trash is another man's treasure.

우리말 뜻은 무엇인가요?

> ❷ 누군가의 쓰레기가 다른 사람에게는 보물이 될 수 있다.

속담 줄기

사자와 암소 이야기를 해 드릴게요.
둘은 사랑에 빠져 결혼을 했습니다. 사자는 매일 사냥을 가서 최고로 좋은 부위의 살코기를 암소에게 갖다 줬고, 암소는 아침 일찍 일어나 하루 종일 풀을 뜯고 가장 신선한 풀을 사자에게 갖다 줬습니다.
둘은 행복하게 살았을까요?
사자는 암소를 무척 사랑했지만 풀 선물은 진짜 이상했습니다. 경멸하듯 콧방귀를 뀌었지요. 암소는 사자를 사랑했지만 사자가 준 선혈이 낭자한 고깃덩어리는 너무 역겨웠습니다. 토할 것 같았죠.
결국 둘은 헤어졌습니다.
친구들은 무슨 일이 있었는지 궁금해했습니다. 사자가 으르렁거리며 말했습니다. "암소를 도대체 이해할 수가 없단 말이야. 난 최선을 다했다고!" 암소는 울었습니다. "사자는 너무 야비해. 난 정말 힘껏 노력했는데."
그들 중 하나가 거짓말을 하고 있을까요?
아닙니다. 그들은 정말 최선을 다했습니다. 그럼 무엇이 문제였을까요?

속담 열매

때때로 나에게 최선이 다른 사람에게 최악이 될 수 있습니다. 마치 사자의 고기가 암소에게 그랬고 암소의 풀이 사자에게 그랬듯이 말이죠.
같은 것을 사람마다 다르게 받아들이는 경우는 많습니다. 예를 들어 누군가의 음악이 다른 사람에겐 소음일 수 있습니다.
이와 같은 여러분의 버전을 만들어 봅시다.

> ❸ Ex) One man's dictionary is another man's pillow. (누군가의 사전이 다른 사람에게 베개일 수 있다.)
> One man's junk is another man's artwork. (누군가의 고물이 다른 사람에게 예술 작품일 수 있다.)

다른 사람들을 이해하지 못할 때마다, 여러분의 최선이 항상 옳지는 않으며 여러분과 다르다고 나쁜 것이 아니라는 것을 명심하세요.
다람 사람의 입장이 되어 여러분이 존중받고 싶은 만큼 다른 사람들을 존중해 주세요.
속담을 암송하고 적어 보세요.

> ❹ One man's trash is another man's treasure.

24. Put Yourself in Others' Shoes

Sticks and stones may break our bones,
but words will break our hearts.

- Rober Fulghum, *All I Really Need to Know I Learned in Kindergarten*

막대기와 돌은 우리의 뼈를 부러뜨릴 수 있지만
말은 우리의 가슴을 찢어 놓습니다.
- 로버트 풀검, 〈내가 정말 알아야 할 모든 것은 유치원에서 배웠다〉

25. What Makes the Good World?
무엇이 좋은 세상을 만들까요?

한없이 부드럽지만 칼날보다 날카로운 것은 무엇일까요? 바로 '혀'입니다. 사람의 마음을 달래주기도 하고 때로는 치명적인 무기가 되기도 하는 '말'은 혀가 없으면 못하지요. 세 치 혀로 더 나은 세상을 만들 수 있는 방법은 없을까요?

A [?] answer turns away wrath.

"Wrath" means anger and to "turn away" means to send away. What answer can send away anger?

Pretend that you have to answer Mom who is very upset to you. How will you say it?

Your answer will be very _____.

It is used to describe the feeling when you touch something silky, too. It starts with *s*.

Can you complete the proverb?

What does the proverb mean in Korean?

🍂 **turn away** 돌려보내다 **wrath** 분노 **anger** 화 **pretend** ~인 척하다 **upset** 화가 난 **describe** 묘사하다 **silky** 실크처럼 부드러운

There are two matching Korean proverbs. One means that you can pay back a lot of money with only a few words and the other means when you say "soft" words to somebody, "soft" words are said back. Can you figure them out?

(1)

(2)

By the way, do you know how much one "Nyang" is in modern currency?

One Nyang is about 20,000(twenty thousand) Won. Then 1,000(one thousand) Nyang is about 20,000,000 (twenty million) Won now!

We can say that people in the old days realized the power of words.

🌱 **one~, the other~** 하나는~ 다른 하나는~ **pay back** 되갚다 **a few words** 몇 마디 말 **soft** 부드러운, 고운 **by the way** 그건 그렇고 **Nyang** 냥(옛날 화폐단위) **modern** 현대의 **currency** 통화 **thousand** 천(1,000) **million** 백만(1,000,000) **twenty million Won** 이천만 원 **in the old days** 옛날에 **realize** 깨닫다

A British politician said, "Handle them carefully, for words have more power than atom bombs."

Some wounds created by words are so deep that they are never gone.

On the other hand, **words can save people from despair.**

A few words can change your day into Heaven or Hell, but we spit them out unknowing of their power.

To remember the power of words, why don't you make your own slogan? For example, "Good words make the world a better place."

Good words have a strong influence on everything. What else can good words make?

Please keep your slogan in mind with the proverb together.

Let's recite the proverb and write it down.

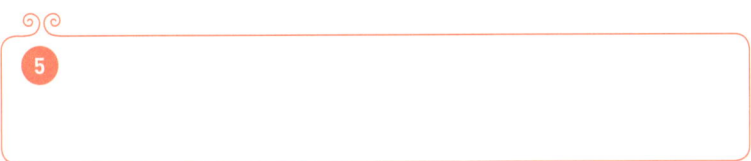

British 영국의 politician 정치가 handle 다루다 carefully 조심스럽게 atom bomb 원자폭탄 wound 상처 create 만들다 on the other hand 반면에 save 구하다 despair 절망 Heaven 천국 Hell 지옥 spit out 내뱉다 unknowing 인식하지 못하고 remember 기억하다 slogan 구호 have an influence on ~에 영향을 미치다 keep ~ in mind ~을 마음에 담아 두다

ONE POINT LESSON

좋은 말(good words)은 좋은 기운(good energy)을 끌어들이고 좋은 관계(good relationships)를 만듭니다. 매일 내뱉는 말(words used every day)에 자신과 세상을 바꿀 수 있는 힘(power to change yourself and the world)이 있다는 것을 잊지 마세요.

Answers & Translation

속담 씨앗

A [?] answer turns away wrath.
'wrath'는 화(분노)이고 'turn away'는 돌려보낸다는 뜻입니다. 어떤 대답이 분노를 돌려보낼 수 있을까요?
화가 난 엄마에게 대답을 해야 한다고 가정해 봅시다. 어떻게 대답을 할 건가요?
여러분의 대답은 굉장히 _____ 거예요.
이 단어는 비단 같은 것을 만질 때의 촉감을 묘사하기도 합니다. 's'로 시작합니다.
속담을 완성해 보세요.

① A soft answer turns away wrath.

우리말 뜻은 무엇인가요?

② 부드럽게 대답하면 분노를 돌려보낸다.

속담 줄기

여기 해당되는 우리 속담이 두 개 있습니다. 하나는 몇 마디 말로 많은 돈을 갚을 수 있다는 뜻이고 다른 하나는 부드럽게 말하면 부드러운 말을 듣게 된다는 뜻입니다. 알 수 있겠어요?

③ (1) 말 한마디로 천 냥 빚을 갚는다.
(2) 가는 말이 고와야 오는 말이 곱다.

그런데 한 냥이 지금의 통화로 얼마인지 알고 있나요?
한 냥은 약 이만 원입니다. 그럼 천 냥은 지금 돈으로 무려 이천만 원입니다.

옛날에도 사람들은 말이 가진 힘을 잘 알고 있었다는 것을 알 수 있습니다.

속담 열매

한 영국 정치가는 "말을 조심스럽게 다루세요. 말은 원자폭탄보다도 더 큰 위력을 가지고 있으니까요."라고 했습니다.
말로 입은 상처가 너무 깊어 영원히 지워지지 않기도 합니다.
다른 한편으로 **말은 절망에 빠진 사람을 구할 수도 있습니다.**
몇 마디 말로 여러분의 하루가 천국이 될 수도 있고 지옥이 될 수도 있지만 우리는 말의 힘을 인식하지 못한 채 말을 내뱉습니다.
좋은 말의 위력을 기억하기 위해 자신만의 구호를 하나 만들어 보는 건 어떨까요? 예를 들어 '좋은 말은 세상을 더 좋은 곳으로 만든다.' 같은 것 말이에요.
좋은 말은 모든 것에 강한 영향을 끼칩니다. 좋은 말은 또 무엇을 만들 수 있나요?

④ Ex) Good words make a better future.
(좋은 말은 더 좋은 미래를 만듭니다.)
Good words have you make good friends.
(좋은 말은 좋은 친구를 사귀게 합니다.)

자신이 만든 구호를 속담과 함께 항상 기억합시다.
속담을 암송하고 적어 봅시다.

⑤ A soft answer turns away wrath.

25. What Makes the Good World?

Hope comes at the darkest moment.
You never know what's around the corner.
Never give up.
If you don't miss a moment,
you can write a new chapter in your life.

희망은 가장 힘들 때 찾아옵니다.
모퉁이를 돌면 무엇이 있을지 전혀 알 수 없습니다.
포기하지 마세요.
한 순간도 놓치지 않으면,
인생의 새로운 장을 쓸 수 있습니다.

May "I Can't" rest in peace and
may everyone present pick up their lives and
make forward in his absence. Amen
 - From an eulogy of "I Can't" funeral in *Chicken Soup for the Soul*

'난 할 수 없어'가 여기 편히 잠들어
여기 있는 모든 사람들이 자신의 인생을 찾고
'난 할 수 없어'의 부재 속에서 앞으로 나아갈 수 있도록 하소서. 아멘
 - '난 할 수 없어'의 장례식에 바치는 추도사, 〈영혼을 위한 닭고기 수프〉

26 Never Ever Give Up
절대 포기하지 마세요

경기에서 지고 있을 때 또는 새로운 것을 배우고 싶을 때 너무 늦었다고 포기한 적이 있나요? 만약 그때 포기하지 않았다면 어떻게 되었을까요? 너무 늦은 때란 없습니다.

Better late than .

Which one is better, to be "late" or _____? To be late is better.

To be late is usually not good but is better than _____. What is _____? It's a word for being strong negative. For example, I didn't go to America. How can you make this sentence strong negative? I _____ went to America. It starts with *n*.

Can you complete the proverb?

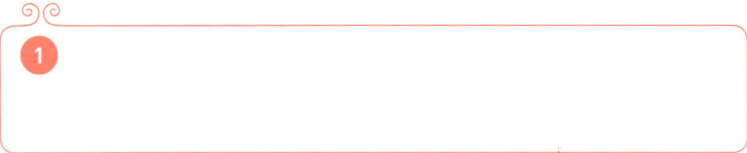

What does the proverb mean in Korean?

🦋 **better** 더 나은 (good의 비교급) **late** 늦은 **usually** 대개 **strong negative** 강한 부정 **America** 미국 **sentence** 문장

Here is the clock of your life.

The clock starts to tick when you are born. Assume you can live up to 80 years. The clock goes during those 80 years. Now let's figure out what time it is at present.

80 years equals 24 hours. If you were 10 years old, what time is it? It's 3 AM because three hours passed. Then 1 year is equivalent to 18 minutes. Here is the formula to get your time.

Your age × 18/60 = time for you

For example, if you were 20 years old, it would be 6:00AM (20 × 18/60 = 6).

Now calculate what time it is for you.

3

How many hours remain until the clock will stop?

🌸 **clock of life** 인생의 시계 **tick** 째깍[똑딱]거리다 **assume** 가정하다 **live up to** ~까지 살다 **during** ~ 동안 **at present** 현재 **equal** ~와 같다 **hour** 시간 **pass** 지나가다 **be equivalent to** ~와 동등하다 **minute** 분 **formula** 계산식 **age** 나이 **calculate** 계산하다 **remain** 남다

Let me tell you about Grandma Moses.*

She was born in a farming family and worked in a farm for most of her life. But she never gave up her desire for

* 모제스 할머니 (Grandma Moses)라 불리는 애나 메리 로버트슨 모제스(Anna Mary Robertson Moses, 1860~1961)는 미국의 화가로, 78세에 그림을 그리기 시작해 101세로 생을 마감할 때까지 매일 그림을 그려 1,600점의 작품을 남겼다. 그녀의 예술혼과 삶의 태도는 많은 사람들에게 영감을 주었다.

painting and started to paint when she was seventy five (75) years old. She taught herself and painted every day. When she died at age 101 in 1961, she became the artist Americans loved most.

We give up plenty of things every day, because it seems too late to do or change something. It seems too late to say sorry, thank you or I love you. It seems too late to correct what you said or did.

When you think it is too late to do something, remember now is the earliest from now on. The rest of your time depends on what you are doing at this moment. Therefore **never ever give up.**

Grandma Moses said, "Life is what we make it, always has been, always will be."

Please recite the proverb and write it down.

🌱 **farming family** 농가　**give up** 포기하다　**desire** 소망, 욕망　**painting** 그림　**teach oneself** 독학하다　**age** 나이　**artist** 화가　**plenty of** 많은　**correct** 교정하다　**earliest** 빠른(early)의 최상급　**from now on** 지금부터 쭉 계속　**rest** 나머지　**depend on** ~에 달려있다　**moment** 순간　**never ever** 결코 ~않다

ONE POINT LESSON

시작이 늦었거나 시작한 후 오랫동안 빛을 보지 못하다 뒤늦게 성공한 대기만성형(late bloomer) 사람들의 비결이 뭘까요? 늦었다고 지레 포기하지 않은 것이지요. 인생의 시계(your life clock)에서 시간이 조금이라도 남았다면(have any remaining time) 절대로 포기하지 마세요(never ever give up). 꽃을 피우기에 너무 늦은 사람은 없습니다(One is never too old to bloom).

Answers & Translation

속담 씨앗

Better late than ❓ .
어느 편이 더 나을까요, 늦는 것 아니면 _____?
늦는 것이 더 낫다고 합니다.
늦는 것은 일반적으로 좋은 것은 아니지만 _____ 보다는 낫습니다. _____ 은 무엇일까요? 강한 부정을 나타내는 단어입니다. 예를 들어 '난 미국에 가지 않았다.' 이 문장을 강한 부정으로 어떻게 만들 수 있을까요? 나는 _____ 미국에 가지 않았다. 'n'으로 시작합니다.
속담을 완성할 수 있나요?

① Better late than never.

우리말 뜻은 무엇인가요?

② 안 하는 것보다 늦더라도 하는 게 낫다.

속담 줄기

여기 여러분의 인생 시계가 있습니다.
시계는 여러분이 태어나면 째깍째깍 움직이기 시작합니다. 가령 80세까지 산다고 합시다. 80년 동안 시계가 돌아갑니다. 여러분의 현재 시간이 몇 시인지 알아볼까요?
80년이 24시간과 같은 셈입니다. 만약 여러분이 열 살이라면, 몇 시일까요? 3시간이 흘렀으니 오전 3시입니다. 그러면 1년은 18분과 맞먹습니다. 여러분 인생의 시간을 얻을 수 있는 수식입니다.
나이 × 18/60 = 시간
예를 들어, 20세라면 아침 6시입니다.

이제 여러분의 시간이 몇 시인지 계산해 볼까요?

③ Ex) If you are 19 years old, 19 × 18/60 = 5.7 (5:42 AM). (여러분이 19세라면 인생의 시각은 오전 5시 42분입니다.)

시계가 멈출 때까지 얼마나 많은 시간이 남아 있나요?

속담 열매

모제스 할머니 이야기를 해 드릴게요. 할머니는 농가에서 태어나 인생의 대부분의 시간을 농장에서 보냈습니다. 하지만 그림에 대한 소망을 결코 포기하지 않았고 78세 때 그림을 그리기 시작했습니다. 할머니는 독학으로 매일 그림을 그렸습니다. 1961년에 101세로 돌아가실 때에는 미국인이 가장 사랑하는 화가가 되어 있었지요.
우리는 매일 많은 일들을 포기합니다. 무언가를 하거나 바꾸기엔 너무 늦은 것 같습니다. 미안해, 고마워, 사랑해 같은 말을 하기에 늦은 것 같습니다. 한 말이나 행동을 수정하기에 늦은 것 같습니다.
무언가를 하기에 너무 늦었다고 생각되면, 지금이 남은 시간 중 가장 빠르다는 사실을 기억하세요. 여러분의 남은 시간은 여러분이 이 순간에 무엇을 하느냐에 달려 있습니다. 그러니 **절대로 포기하지 마세요**.
모제스 할머니는 "인생은 우리가 만드는 것입니다. 항상 그래 왔고, 앞으로도 그럴 것입니다."라고 하셨습니다.
속담을 암송하고 다시 적어 보세요.

④ Better late than never.

Only I have no luck any more.
But who knows? Maybe today.
Every day is a new day.
It is better to be lucky.
But I would rather be exact.
Then when luck comes you are ready.
- Ernest Hemingway, *The Old Man and the Sea*

단지 내게 더 이상 운이 없는 것이지.
그러나 누가 알겠는가? 오늘은 운이 좋을지.
모든 날은 새로운 날이다.
운이 있는 날로 더 할 나위 없지.
하지만 정확하게 일하는 편이 낫겠어.
그래야 운이 왔을 때 준비되어 있을 테니.
- 어니스트 헤밍웨이, 〈노인과 바다〉

27 Everyone Has Today
모든 이에겐 오늘이 있습니다

우리는 지나고 나서야 그때가 좋았다는 걸 깨닫곤 합니다. 오늘도 내일이 되면 지난 날이 되고 지금도 지난 한때가 됩니다. 나중에 그때 그 시절로 떠올릴 지금, 행복한가요? 지금(present)을 선물(present)로 만들면 어떨까요?

Every [?] has its day.

Many proverbs have animals. The animal in this proverb is very close and loyal to people. It starts with *d*.

Please complete the proverb.

"Its day" means the successful and happy day in its life.

What is the meaning of the proverb in Korean?

close 가까운 loyal 충성스러운 successful 성공적인

The matching Korean proverb has a different animal. It is not a pet like a dog but lives near people. It likes a dark place like the basement. Can you figure it out?

Please write the Korean proverb.

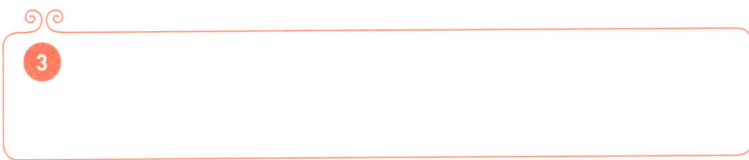

Even a rat or a dog can have its best day in its life. Then what about humans?

Here is a story.

A student asked a teacher, "What is love?" The teacher said, "Go to the corn field and choose the biggest corn and come back. But the rule is that you can pass them only once and cannot turn back."

The student saw one big corn in the first row but thought "Maybe there is a bigger one later." He passed another big one expecting a much bigger one. When he passed more than a half of the field, he knew he missed all the biggest ones. He returned with empty hands. The teacher said, "You can only know love after it is gone."

The corn in the story means "love" but it can also be about your day. You can only know it was good after it passed.

🦋 **pet** 애완동물 **human** 인간 **basement** 지하실 **rat** 들쥐 **what about** ~는 어때? **corn field** 옥수수 밭 **biggest** 가장 큰(big의 최상급) **rule** 규칙 **turn back** 되돌아가다 **row** 가로줄 **expect** 기대하다 **much bigger** 훨씬 더 큰(much는 비교급 수식) **more than a half** 반 이상 **miss** 놓치다 **return** 돌아오다 **with empty hands** 빈손으로

Everybody has her or his day. We work hard expecting our best day to come in the future. Then how can we recognize and seize the day?

Shall we listen to the casual conversation between Winnie-the-Pooh* and his friend?

* 〈위니더푸 *Winnie-the-Pooh*〉는 영국의 A. A. Milne(밀른)이 1926년 발표한 동화로, 그 동화에서 크리스토퍼 로빈(Christopher Robin)이라는 남자아이가 가지고 있던 곰인형의 이름이다. 〈곰돌이 푸〉로 소개된 이 동화는 미국 디즈니가 애니메이션으로 만들어 큰 성공을 거두었으며, 지금까지도 전 세계 어린이들의 사랑을 받고 있다.

"What is your favorite day, Pooh?"
"Today is my favorite day."

Pooh is happy every day because his favorite day is today, not yesterday, nor tomorrow.

All of us have TODAY. **Make today your favorite day.** You will never miss your day.

Please recite the proverb and write it down.

27. Everyone Has Today

future 미래 recognize 알아보다 seize 붙잡다 casual 평상시의 conversation 대화 between 사이에 favorite 좋아하는 today 오늘 yesterday 어제 nor ~도 또한 아니다 tomorrow 내일

ONE POINT LESSON

누구에게나 오늘은 있습니다(Everybody has TODAY). 뜻대로 되지 않고(against your will) 운이 나쁘더라도(with bad luck) 아직 오늘을 구할 수 있습니다(can save today). 완벽한 날을 기다리지 마세요 (don't wait for the perfect day to come). 어제는 지나갔고 내일은 알 수 없지만, 오늘은 선물입니다(Yesterday is history, tomorrow is a mystery, and today is a gift).

Answers & Translation

속담 씨앗

Every [?] has its day.

많은 속담에 동물이 나옵니다. 이 속담 속의 동물은 사람에게 매우 가깝고 충직합니다. 'd'로 시작하지요.
속담을 완성해 보세요.

① Every dog has its day.

'그의 날'은 인생에서 성공적이고 행복한 날을 의미합니다.
속담의 우리말 뜻은 무엇일까요?

② 모든 개에게 생애 최고의 날이 있다.

속담 줄기

여기 해당하는 우리 속담에는 다른 동물이 나옵니다. 개와 같은 애완동물은 아니지만 사람들 근처에서 삽니다. 지하실처럼 어두운 곳을 좋아합니다. 무슨 동물인지 알겠어요?
한국 속담을 적어 보세요.

③ 쥐구멍에도 볕 들 날 있다.

쥐나 개와 같은 동물에게도 생애 최고의 날이 있습니다. 하물며 인간은 어떻겠어요?
이야기 하나를 해 드리겠습니다.
한 학생이 선생님에게 물었습니다. "사랑이 무엇인가요?" 선생님이 말씀하셨습니다. "옥수수 밭에 나가서 제일 큰 옥수수를 따서 가지고 오너라. 하지만 규칙이 있는데 한 번밖에 못 지나간다. 거꾸로 돌아올 수는 없다."
학생은 첫 줄에서 큰 옥수수를 봤지만 '나중에 더 큰 게 있을 거야.'라고 생각했지요. 그는 또 다른 커다란 옥수수도 더 큰 것을 기대하며 지나쳤습니다. 밭의 절반 이상을 지나고 나자 가장 큰 옥수수들은 이미 다 지나쳤다는 것을 알았습니다. 결국 빈손으로 돌아왔지요. 선생님이 "사랑은 지난 뒤에야 알 수 있는 거란다."라고 하셨습니다.
이야기 속에서 옥수수는 '사랑'을 의미하지만 '여러분의 날'도 될 수 있습니다. 좋은 날이 지난 후에야 좋았다는 것을 알 수 있으니까요.

속담 열매

모든 사람들에게 인생의 날은 있습니다. 우리는 미래에 최고의 날이 오길 기대하며 열심히 삽니다. 그러면 어떻게 그 날을 알아보고 붙잡을 수 있을까요?
곰돌이 푸와 그 친구가 평상시에 나누는 대화를 잠시 들어 볼까요?
"너는 어느 날을 제일 좋아하니, 푸?"
"오늘이 내가 제일 좋아하는 날이야."
푸는 매일 행복합니다. 왜냐하면 제일 좋아하는 날이 어제도 내일도 아닌 오늘이니까요.
우리 모두에겐 오늘이 있습니다. **오늘을 가장 좋아하는 날로 만드세요.** 최고의 날을 결코 놓치지 않을 겁니다.
속담을 암송하고 다시 적어 보세요.

④ Every dog has its day.

27. Everyone Has Today

When everything seems to be going against you,
remember that the airplane takes off against wind, not with it.
- Henry Ford, industrialist

모든 일이 당신의 뜻에 반하여 진행되는 것 같을 때,
비행기는 바람을 타고 이륙하는 것이 아니라
바람을 거슬러 날아오른다는 것을 기억하세요.
- 헨리 포드, 기업가

28 Between Happy Days
행복한 날들 사이에서

좋지 않아 실망했던 일이 나중에 오히려 고마운 일이 된 경험이 있나요? 세상 일은 참 오묘해서 흑백으로 명백하게 나눌 수 있는 일은 거의 없습니다. 좋은 일이 나쁜 일이 되기도 하고, 운 나쁜 일이 뜻밖의 횡재가 되기도 하지요. 영원한 불행도 영원한 복락도 없기 때문에 살 만한 인생이지 않을까요?

Every ? has a silver lining.

"Lining" is something used to cover the inner side. Please flip over your jacket or coat. Do you see the different fabric on the inside? That is "lining."

Now what has a silver lining? It is a natural object and seen in the sky. It keeps changing its shape. Can you figure it out?

Please complete the proverb.

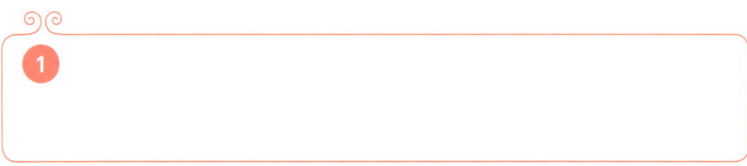

What does the proverb mean in Korean?

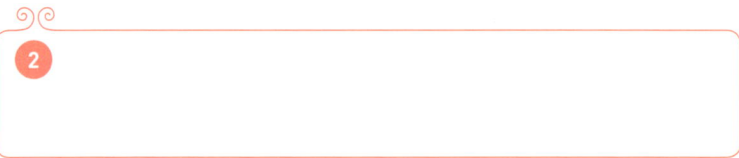

silver 은빛 lining 안감 inner 안쪽의 flip over 뒤집다 jacket 재킷, 상의 coat 코트 different 다른 fabric 옷감, 천 inside 안쪽 natural object 자연물 keep -ing 계속 ~하다 shape 모양

Have you ever looked at the dark cloud closely?

Its center is very thick and dark but its rim is thin and bright, because of the sun behind. The proverb calls the other side of a cloud "a silver lining."

We have a similar proverb which says the land gets hard after it rains.

3

Here is an old story about an old man who lived near the border in China. He raised a horse but it ran away across the border. The town people comforted him but he smiled

28. Between Happy Days **247**

saying, "Who knows this may turn out to be a good thing?"

Months later, the horse returned home with a mare. When people congratulated him, he said, "Who knows this may bring misfortune?"

A few days later, the old man's only son fell down from the mare and became crippled. Not before long, a war broke out and every young man was sent to the front. The old man's son could stay at home and saved his life because he was disabled.

Do you know the four-character idiom about this story? It means "the horse of an old man living near the border."

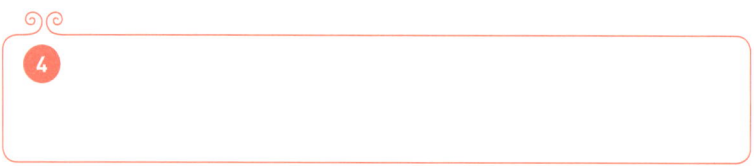

closely 자세히 thick 두꺼운 rim 가장자리 thin 얇은 bright 밝은 behind 뒤에 the other side 반대편 similar 비슷한 border 국경선 China 중국 raise 기르다 horse 말 across 건너서 town people 마을 사람들 comfort 위로하다 turn out ~인 것으로 드러나다 month 달 return 돌아오다 mare 암말 congratulate 축하하다 bring 가지고 오다 misfortune 불행 a few 몇 fall down 떨어지다 crippled 다리를 저는 not

before long 오래지 않아 **break out** (전쟁이) 발발하다 **front** 전선 **disabled** 불구의 **four-character idiom** 사자성어

Everything changes. Day comes after night and fruit comes after flowers fall.

Alexander Graham Bell, the inventor of the telephone said, "When one door closes, another opens. But we often look so long and so regretfully upon the closed door that we do not see the one which has opened for us."

Do you know how to say "I don't have a job," in English?

The saying goes, "I'm between jobs."

I don't have a job now but it does not mean I am jobless all the way in my life. I am just between jobs.

Let's apply it to our daily life. **Are you happy now? If not, why**

don't we think we are just between happy days?

Recite the proverb and write it down.

5

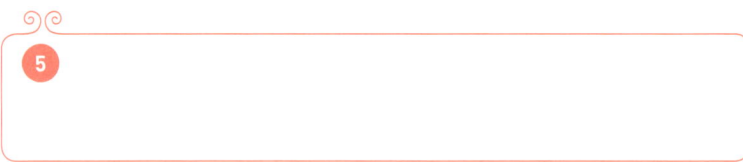 fruit 열매 inventor 발명가 telephone 전화기 close 닫히다 regretfully 후회스럽게 between jobs 직업을 구하는 중인 jobless 직업이 없는 all the way 내내, 계속 apply 적용하다 why don't we~? ~하는 게 어때?

ONE POINT LESSON

밤이 어두워질수록 별은 더 영롱하게 빛나고(when night gets darker, stars shine brighter), 동트기 전 하늘이 제일 어둡습니다 (the sky is the darkest before dawn). 지금 어두운 터널 안에서 앞이 보이지 않아도(cannot see ahead in the dark tunnel) 출구가 멀지 않다는 것을 믿고 (the exit is not so far) 멈추지 말고 걸어가세요(keep walking).

Answers & Translation

속담 씨앗

Every ⟨?⟩ has a silver lining.
'안감'은 안쪽에 대는 것입니다. 재킷이나 코트를 젖혀 보세요. 안쪽에 댄 다른 천이 보이나요? 그것이 바로 '안감(lining)'입니다.
그럼 무엇이 은빛 안감을 가지고 있을까요? 자연물이고 하늘에서 볼 수 있습니다. 모양이 쉴 새 없이 바뀝니다. 무엇인지 알겠어요?
속담을 완성해 보세요.

① Every cloud has a silver lining.

우리말 뜻은 무엇인가요?

② 모든 구름은 은빛 안감을 가지고 있다.

속담 줄기

먹구름을 자세히 본 적이 있나요?
가운데는 두껍고 어둡지만 가장자리는 얇고 밝습니다. 뒤에 태양이 있기 때문이지요. 속담에선 구름의 뒷면을 '은빛 안감'이라고 부르고 있습니다.
우리도 비슷한 속담이 있는데, 비 온 뒤에 땅이 더 단단해진다고 합니다.

③ 비 온 뒤에 땅이 굳는다.

중국 국경 지방에 살던 할아버지에 대한 옛이야기를 해 드릴게요. 그 할아버지가 말 한 마리를 키웠는데 그만 국경을 넘어 도망치고 말았습니다. 마을 사람들이 할아버지를 위로하자 웃으며 말했지요. "이 일이 좋은 일이 될 지 누가 알겠소?" 몇 달 뒤 도망갔던 말이 암말을 데리고 돌아왔습니다. 사람들이 할아버지를 축하하자, "이 일이 나쁜 일을 가지고 올 지 누가 알겠소?"라고 했습니다. 며칠 뒤 할아버지의 외동아들이 그 말에서 떨어져 다리를 절게 되었습니다. 얼마 지나지 않아 전쟁이 일어나서 마을의 모든 젊은이들은 전쟁터로 보내졌습니다. 할아버지의 아들은 불구였기에 집에 있으면서 목숨을 구할 수 있었습니다.
이 이야기에 대한 사자성어를 알고 있나요? '국경 근처에 사는 할아버지의 말'이라는 뜻을 가지고 있습니다.

④ 새옹지마(塞翁之馬): 변방에 사는 할아버지의 말

속담 열매

모든 것은 변합니다. 밤이 지나면 낮이 오고 꽃이 지면 열매가 맺습니다.
전화기를 발명한 벨은 이렇게 말했습니다. "한 쪽 문이 닫히면 다른 쪽이 열립니다. 하지만 우리는 종종 너무 오랫동안 후회스럽게 닫힌 문만 쳐다보다가 우리를 위해 열려 있는 문을 보지 못하곤 합니다."
영어로 '직업이 없다'를 어떻게 말하는지 아세요? '직업들 사이에 있다(between jobs).'라고 합니다. 지금은 직업이 없지만 그것이 내 인생에서 항상 직업이 없다는 것을 뜻하는 것은 아닙니다. 단지 직업이 있는 시기의 사이에 있을 뿐인 거죠.
우리들의 일상생활에도 적용해 봅시다. **지금 행복하나요? 아니라면, 지금 행복한 날들 사이에 있다고 생각하는 건 어떨까요?**
속담을 암송하고 다시 적어 보세요.

⑤ Every cloud has a silver lining.

28. Between Happy Days

Success is not final, failure is not fatal;
it is the courage to continue that counts.
- Winston Churchill, British politician

성공이 끝이 아닙니다. 실패가 돌이킬 수 없는 것은 아닙니다.
중요한 것은 계속 나아갈 용기입니다.
- 윈스턴 처칠, 영국의 정치가

Laugh Last
마지막에 웃으세요

'유종(有終)의 미(美)'란 어떤 일의 끝을 잘 마무리하는 성과를 말합니다. 끝이 왜 중요할까요? 처음부터 끝까지 한 번도 실수나 실패를 하지 않는 사람은 없습니다. 일이 뜻대로 잘 안 될 때, '에라 모르겠다, 될 대로 되라지.' 하는 마음이 들기도 합니다. 하지만 끝날 때까지 끝난 것이 아닙니다.

All's ? that ends ? .

Two sentences are connected with "that."

1. All is _____.
2. It ends _____.

Two blanks have the same word but the first one is an adjective because it is after "is" and the second one is an adverb because it is after "ends." Can you figure out any word which is used as both an adjective and adverb in the same form and means "good?" It starts with *w*.

Please complete the proverb.

What does the proverb mean in Korean?

2

🌿 **end** 끝나다 **sentence** 문장 **connect** 연결하다 **that** (여기에선 관계대명사 주격으로 사용됨) **blank** 빈칸 **adjective** 형용사(명사를 수식하거나 be동사 뒤에 와서 보충하는 말) **adverb** 부사(동사, 형용사 또는 문장 전체를 수식하는 말) **form** 형태

Do you know an artist Rembrandt?* One of his masterpieces is about the return of the prodigal son. The prodigal son in tattered clothes is kneeling in front of his father and the father puts his hands on the son's shoulders.

* 렘브란트 (Rembrandt, 1606~1669)는 바로크시대 네덜란드 출신의 화가이자 판화가로, 초상화와 풍경화 그리고 종교화를 많이 남겼다.

We know what the son did before. He wasted all the fortune given by his father and fell in poverty and despair. At last he realized all his faults and came home to beg to become a servant not as a son, but as a sinner. We know the ending of

29. Laugh Last **255**

the story as well. The father welcomed and forgave him.

Why do you think the father embraced the prodigal son? Writing in Korean is okay.

We all can make a wrong choice and do dishonest things. But nothing is unforgivable when we repent it and restart our efforts to be a good person.

---

artist 화가 **masterpiece** 걸작 **return** 회귀, 귀향 **prodigal** 낭비하는 **tattered** 낡은, 대로 낡은 **kneel** 무릎을 꿇다 **in front of** ~의 앞에 **shoulder** 어깨 **waste** 탕진하다 **fortune** 재산 **poverty** 궁핍, 가난 **despair** 절망 **at last** 마침내 **realize** 깨닫다 **fault** 잘못 **beg** 간청하다 **servant** 하인 **sinner** 죄인 **as well** 또한 **welcome** 환영하다 **forgive** 용서하다 **embrace** 껴안다, 받아들이다 **choice** 선택 **dishonest** 부정직한 **unforgivable** 용서하지 못할 **repent** 회개하다 **restart** 새로 시작하다 **effort** 노력

Let's Reap the Proverb

Seri Park, the legend of Korean woman golfers showed us how she could reverse the game at the last minute. She was tied after 17 holes for the title of U.S. Women's Open* in 1998 but she dropped the ball into the water by mistake. The situation was very bad. After debating with her caddie for several minutes, she took off her shoes and socks and walked into the water. Her swing sent the ball on the fairway and the best-ever shot gave her the winning trophy.

* U.S. Women's Open Championship (US여자오픈골프선수권대회)은 1946년에 시작된 권위 있는 대회로 LPGA (Ladies Professional Golf Association 여자프로골프협회)의 5개 주요 대회 중 상금이 가장 높다.

Yogi Berra, an American baseball player said, "It ain't over till it's over."

Are you discouraged by your mistakes or misfortune? Do you think you mess up now?

Don't forget "**Anyone who laughs last laughs best.**" You deserve a happy ending.

Please recite the proverb and write it down.

legend 전설 woman golfer 여자 골프 선수 reverse 뒤집다, 역전시키다 at the last minute 마지막 순간에 be tied 동점이다 drop 떨어뜨리다 by mistake 실수로 debate 토론하다 caddie (골프장의) 캐디 several 몇 minute 분 take off 벗다 socks 양말 walk into ~로 걸어 들어가다 swing (골프의) 스윙 fairway 페어웨이(골프에서 티와 그린 사이의 잔디밭) best-ever 역대 최고의 ain't am not/are not/is not의 줄임말 be over 끝나다 discourage 낙담시키다 misfortune 불운 mess up 엉망으로 만들다 forget 잊다 laugh 웃다 last 마지막에

무언가 잘못되었을 때, "괜찮아(that's okay)!"하며 호탕하게 웃어 버리고(laugh out) 자신에게 다시 한 번 기회를 주세요(give yourself a second chance). 9회말 2아웃(two outs in the ninth inning)이더라도 경기는 아직 끝나지 않았습니다(the game is not over yet).

Answers & Translation

속담 씨앗

All's [?] that ends [?].
두 문장은 'that'으로 연결되어 있습니다.
1. All is _____.
2. It ends _____.
두 빈칸에 들어갈 말은 같은 단어인데, 첫 번째 것은 is의 뒤에 오기 때문에 형용사이고 두 번째 것은 ends 뒤에 오기 때문에 부사입니다. 형용사와 부사일 때 같은 형태이고 '좋다'라는 뜻을 가진 단어를 알겠어요? 'w'로 시작합니다.
속담을 완성해 보세요.

① All's well that ends well.

우리말 뜻은 무엇인가요?

② 끝이 좋으면 다 좋다. (유종의 미)

속담 줄기

렘브란트라는 화가를 아시나요? 그의 걸작 중 하나는 돌아온 탕자에 대한 것입니다. 누더기를 걸친 탕자 아들이 아버지 앞에 무릎을 꿇고 있고 아버지는 양손을 아들의 어깨에 올려 놓고 있습니다.
우리는 아들이 앞서 무슨 일을 저질렀는지 알지요. 아버지에게 받은 재산을 탕진하고 가난과 절망에 빠졌습니다. 마침내 자신의 잘못을 깨닫고 아들로서가 아니라 죄인으로서 하인 자리를 간청하러 집에 돌아왔습니다. 우리는 이야기의 마지막도 알고 있습니다. 아버지는 아들을 환영하고 용서했습니다.
아버지는 왜 탕자 아들을 받아들였을까요? 한국어로 적어도 좋습니다.

③ Ex) It is because the father was happy about having his son back and believed the son's repentance for his past faults and decision to renew his life. (아버지는 아들이 다시 돌아와서 기쁘고 지난 잘못에 대해 회개하고 새로운 삶을 살겠다고 결심을 한 아들을 믿었기 때문입니다.)

속담 열매

한국 여자 골프 선수의 전설, 박세리는 어떻게 마지막 순간에 경기를 뒤집을 수 있는지 보여 주었습니다. 1998년 미국 여자 오픈 챔피언 타이틀을 앞두고 17번 홀까지 동점인 상황에서, 박세리 선수는 공을 물속에 빠뜨리는 실수를 해 버렸습니다. 상황은 무척 나빴습니다. 캐디와 몇 분 동안 의논한 뒤, 박세리 선수는 신발과 양말을 벗고 물속에 걸어 들어갔습니다. 스윙으로 공을 페어웨이에 올려놓았고, 그리고 그 역대 최고의 샷이 그녀에게 우승 트로피를 안겨 줬습니다.
미국 야구 선수 요기 베라는 말했습니다. "끝날 때까지 끝난 게 아닙니다."
실수나 불운으로 낙담하고 있나요? 지금 스스로 인생을 망치고 있다고 생각하나요?
"마지막에 웃는 자가 제일 잘 웃는 자이다." 라는 말을 잊지 마세요. 여러분은 해피엔딩을 맞이할 자격이 있습니다.
속담을 암송하고 적어 보세요.

④ All's well that ends well.

29. Laugh Last

If you want to know the closest place to look for grace,
it is within yourself.
If you desire wisdom greater than your own,
you can find it inside you.
- M. Scott Peck, *The Road Less Traveled*

은총을 발견할 수 있는 가장 가까운 장소를 알고 싶다면
바로 자신의 안이다.
자신이 지닌 지혜보다 더 큰 지혜를 갈구한다면
바로 자신의 안에서 찾을 수 있다.
- M. 스콧 펙, 〈아직도 가야 할 길〉

Help Yourself
스스로를 도웁시다

힘든 일을 겪으면 종교가 있든 없든 기도를 하고 기적을 바라게 됩니다. 하지만 곰곰이 생각해 보면 우리가 무사히 살아가는 것 자체가 하나의 기적입니다. 이 매일의 기적은 누가 만드는 걸까요? 수많은 위험과 난관 속에서 묵묵히 외줄 위를 걷는 여러분이 바로 그 주인공입니다.

 helps those who help themselves.

_____ has the same onset of "help."

Most of people want to go to H_____ after they die.

Please complete the proverb.

1

It is not easy to translate the proverb into Korean, is it? Two sentences are connected with "who." H_____ helps some people. The people help themselves. "Those" mean people who are already mentioned.

What is the meaning of the proverb in Korean?

🍂 **those** (뒤에 관계대명사 who와 함께) ~한 사람들 **onset** 첫 음운 **translate** 번역하다 **sentence** 문장 **connect** 연결하다 **who** ~하는 사람(관계대명사 주격) **already** 이미 **mention** 언급하다

You know IQ and EQ, don't you? But have you heard of AQ?

IQ is the intelligent ability and EQ is the emotional ability to solve problems.

"A" of AQ stands for adversity, a very difficult situation. What ability does AQ mean? Writing in Korean is all right.

3

Everybody suffers from various difficulties. Some get over them very quickly but others get troubled for a long time.

The proverb says that Heaven helps people who have high AQ. That is, to get help from Heaven, you should help yourself.

By the way, where in the world is Heaven?

> **AQ** adversity quotient 역경 지수 **IQ** intelligence quotient 지능 지수 **EQ** emotion quotient 감성 지수 **intelligent** 지적인 **ability** 능력 **emotional** 감성적인 **solve** 해결하다 **problem** 문제 **stand for** 나타내다 **adversity** 역경 **suffer from** ~로 고생하다 **various** 다양한 **some ~, others ~** 어떤 사람들은 ~, 다른 사람들은 ~ **get over** 이겨 내다 **quickly** 재빨리 **troubled** 어려움을 겪는 **Heaven** 천국, 하늘 **by the way** 그건 그렇고 **in the world** 도대체

Let's Reap the Proverb

Is it up in the sky or after death? Then how about Hell? Is it down under the world?

While we suffer from a slump or failure, we feel we are in Hell. On the other hand, we feel we are in Heaven with a pinch of pleasure or success.

Heaven and Hell are not somewhere beyond our world. They always exist within us.

When you are in trouble, find your own power to solve problems, and use every single resource inside you.

"You are braver than you believe, stronger than you seem and smarter than you think," said Christopher Robin to Pooh in *Winnie-the-Pooh*.

Help yourself. The person you can truly count on is yourself.

Recite the proverb and write it down.

4

after death 사후에 Hell 지옥 failure 실패 a pinch of 약간의 pleasure 기쁨 success 성공 somewhere 어딘가 beyond 넘어선 always 항상 exist 존재한다 within ~안에 every single 단 하나의 ~도 resource 자원 inside 안에 brave 용감한 smart 똑똑한 count on ~에 의지하다

ONE POINT LESSON

곤경이나 불운이 덮쳤다고(be fallen in troubles and misfortune) 자신을 포기하면(give up on yourself) 신조차(even God) 도와줄 수 없습니다. 늘 자기 삶의 선장으로(as the captain of your own life) 살려는 마음을 가지세요. 그 마음을 일상생활(in your daily life)에서 실천하면 (putting it into action) 기적(miracles)을 만들 수 있습니다.

Answers & Translation

속담 씨앗

[?] helps those who help themselves.

_____ 는 'help'와 같은 첫 소리를 가지고 있습니다.
많은 사람들은 죽은 후에 H_____ 에 가고 싶어 합니다.
위에 있는 속담을 완성하세요.

① Heaven helps those who help themselves.

한국어로 번역하기가 쉽지 않습니다, 그렇지요? 두 문장이 'who'로 연결되어 있습니다. H_____ 은 어떤 사람들을 도와 줍니다. 그 사람들은 자신을 돕는 사람들입니다. 'Those'는 앞에서 언급된 사람들을 가리킵니다.
속담의 우리말 뜻은 무엇인가요?

② 하늘은 스스로 돕는 사람들을 돕는다.

속담 줄기

IQ와 EQ를 알지요, 그렇지요? 그런데 AQ는 들어 봤나요?
문제를 해결하기 위해 사용하는 지적인 능력이 IQ 이고 감성적인 능력이 EQ입니다. 그럼 AQ는 무슨 능력일까요?
AQ의 'A'는 역경, 즉 굉장히 힘든 상황을 의미합니다. AQ는 무슨 능력일까요? 우리말로 적어도 됩니다.

③ Ex) AQ is the ability to restore oneself from adversity. (AQ는 역경으로부터 회복하는 능력입니다.)

누구나 이런저런 어려움을 겪습니다. 어떤 사람들은 빨리 극복하는 반면, 어떤 사람들은 오랫동안 힘들어 합니다.
속담에서 말하길 하늘은 AQ가 높은 사람들을 돕는다고 합니다. 다른 말로 하면 하늘의 도움을 받으려면 우리 스스로를 먼저 도와야 합니다.
그럼 하늘은 도대체 어디에 있을까요?

속담 열매

저기 하늘 위에? 아니면 사후 세계에? 그럼 지옥은 어디 있을까요? 지하 세계에 있나요?
우리가 슬럼프와 실패를 겪을 때, 지옥에 있는 것 같습니다. 반면에 작은 기쁨과 성공을 맛보면 천국에 있는 것 같습니다.
천국과 지옥은 우리 세계 저 너머 어딘가에 있지 않습니다. 그 둘은 항상 우리 안에 존재합니다.
곤경에 처했을 때, 문제를 해결할 수 있는 자신의 힘을 찾으세요, 그리고 자신 안에 있는 모든 자원을 사용하세요.
"너는 네가 믿는 것보다 더 용감하고, 보이는 것보다 더 강하고, 생각하는 것보다 더 똑똑해." 〈곰돌이 푸〉에서 크리스토퍼 로빈이 푸에게 한 말입니다.
자신을 도우세요. 진심으로 믿고 의지할 수 있는 사람은 자기 자신입니다.
속담을 암송하고 적어 보세요.

④ Heaven helps those who help themselves.

Appendix

Let's Review What We've Learned

1 Find matching English proverbs. 같은 뜻의 영어 속담을 찾아보세요.

1 호랑이를 잡으려면 호랑이 굴에 들어가야 한다. (   )
2 가는 말이 고와야 오는 말이 곱다. (   )
3 빈 수레가 요란하다. (   )
4 쇠뿔도 단김에 빼라. (   )
5 세 살 버릇 여든까지 간다. (   )
6 걱정도 팔자. (   )
7 백지장도 맞들면 낫다. (   )
8 천리 길도 한 걸음부터. (   )
9 제 눈에 안경. (   )
10 자라 보고 놀란 가슴 솥뚜껑 보고 놀란다. (   )

> **A** Beauty is in the eye of the beholder.
> **B** A leopard cannot change its spots.
> **C** Two heads are better than one.
> **D** Nothing ventured, nothing gained.
> **E** Still water runs deep.
> **F** Strike while the iron is hot.
> **G** Once bitten, twice shy.
> **H** Great oaks from little acorns grow.
> **I** A soft answer turns away wrath.
> **J** Don't cry before you are hurt.

2 Complete the proverbs. 영어 속담을 완성하세요.

11 The _____ is always greener on the other side of the fence.
12 A _____ in gloves catches no mice.
13 The best _____ swims near the bottom.
14 Don't judge a _____ by its cover.
15 A _____ in the hand is worth two in the bush.
16 A sound _____ in a sound body.
17 Where there's a _____, there's a way.
18 _____ makes perfect.
19 A friend in _____ is a friend indeed.
20 Heaven helps those who help _____.

3 Find matching English proverbs.
고사성어와 관련된 영어 속담을 찾아보세요.

21 백문이불여일견(百聞而不如一見) ( )
22 새옹지마(塞翁之馬) ( )
23 마부작침(磨斧作針) ( )
24 유종지미(有終之美) ( )
25 우공이산(愚公移山) ( )

> A Practice makes perfect.
> B Great oaks from little acorns grow.
> C A picture is worth a thousand words.
> D Every cloud has a silver lining.
> E All's well that ends well.

Answers 1. D 2. I 3. E 4. F 5. B 6. J 7. C 8. H 9. A 10. G 11. grass 12. cat 13. fish 14. book 15. bird 16. mind 17. will 18. Practice 19. need 20. themselves 21. C 22. D 23. A 24. E 25. B

Let's Learn 30 More Proverbs

1 Please find matching Korean proverbs. [1-10]
같은 뜻의 우리 속담을 찾아보세요.

1. A stitch in time saves nine. 제 때의 한 땀이 아홉 땀의 수고를 덜어 준다. (   )
2. All that glitters is not gold. 반짝이는 것이 전부 금은 아니다. (   )
3. A loaf of bread is better than the song of many birds.
   빵 한 덩이가 새들의 노랫소리보다 낫다. (   )
4. Bad news travels fast. 나쁜 소식은 빨리 전해진다. (   )
5. Barking dogs seldom bite. 짖는 개가 물지 않는다. (   )
6. Beggars cannot be choosers. 거지는 이것저것 고를 처지가 아니다. (   )
7. Birds of a feather flock together.
   같은 깃털을 가진 새끼리 모인다. (   )
8. Do as I say, not as I do. 내 말은 따르되 행동은 따르지 마라. (   )
9. Don't count your chickens before they're hatched.
   달걀이 부화하기도 전에 닭의 수를 세지 마라. (   )
10. Don't cry over spilt milk. 엎질러진 우유 때문에 울지 마라. (   )

A 가마솥 검기로 밥도 검으랴.
B 발 없는 말이 천 리 간다.
C 호미로 막을 걸 가래로 막는다.
D 겁 많은 개 먼저 짖는다.
E 수염이 석 자라도 먹어야 양반.
F 배고픈데 찬밥 더운밥 가리랴.
G 내가 바담 풍 해도 너는 바람 풍 해라.
H 유유상종, 늑대는 늑대끼리, 노루는 노루끼리, 까치는 까치끼리.
I 쏘아 놓은 화살이요 엎질러진 물이다.
J (떡 줄 사람은 생각도 않는데) 김칫국부터 마시지 마라.

② Please find matching Korean proverbs. [11-20]
같은 뜻의 우리 속담을 찾아보세요.

11 Don't look a gift horse in the mouth.
 선물로 받은 말의 입속을 들여다보지 마라. (   )

12 Don't put all your eggs in one basket.
 달걀을 모두 한 바구니에 담지 마라. (   )

13 Even a worm will turn. 벌레도 움찔한다. (   )

14 Every Jack has his Jill.
 모든 잭(남자)에게는 짝인 질(여자)이 있다. (   )

15 Go home and kick the dog. 집에 가서 개나 차라. (   )

16 Haste makes waste. 서두르면 일을 망친다. (   )

17 If you can't stand the heat, get out of the kitchen.
 뜨거움을 참지 못하면 주방을 떠나라. (   )

18 Look before you leap. 펄쩍 뛰기 전에 살펴라. (   )

19 One swallow does not make a summer.
 제비 한 마리가 왔다고 여름이 온 것은 아니다. (   )

20 Out of the frying pan and into the fire.
 프라이팬에서 벗어나 불속으로 뛰어든다. (   )

K 종로에서 뺨 맞고 한강에서 눈 흘긴다.
L 급히 먹는 밥이 목이 멘다.
M 갈수록 태산, 산 넘어 산, 늑대 피하려다 호랑이 만난다.
N 한 가지 일에 몽땅 다 걸지 마라.
O 절이 싫으면 중이 떠나야지.
P 남의 호의에 트집 잡지 마라.
Q 돌다리도 두드려 보고 건너라.
R 지렁이도 밟으면 꿈틀한다.
S 짚신도 짝이 있다.
T 속단은 금물.

3 Please find matching Korean proverbs. [21-30]
같은 뜻의 우리 속담을 찾아보세요.

21 Rome is not built in a day.
로마는 하루아침에 건설된 도시가 아니다. (   )

22 Scratch my back and I'll scratch yours.
내 등을 긁어 주면 네 등도 긁어 주마. (   )

23 The apple doesn't fall far from the tree.
사과는 나무에서 멀리 떨어지지 않는다. (   )

24 The pen is mightier than the sword. 펜은 칼보다 강하다. (   )

25 The pot calls the kettle black. 솥이 주전자에게 검다고 한다. (   )

26 The proof of the pudding is in the eating.
푸딩은 먹어 봐야 맛을 안다. (   )

27 Too many cooks spoil the broth. 요리사가 많으면 수프를 망친다. (   )

28 You reap what you sow. 뿌린 대로 거둔다. (   )

29 When the cat's away, the mice will play.
고양이가 없으면 쥐가 설쳐댄다. (   )

30 Where there's smoke, there's fire. 연기가 난 곳에 불이 있다. (   )

U 똥 묻은 개가 겨 묻은 개 나무란다.
V 첫술에 배부르랴.
W 글의 힘이 무력보다 강하다.
X 콩 심은 데 콩 나고, 팥 심은 데 팥 난다.
Y 길고 짧은 건 대봐야 안다.
Z 오는 정이 있으면 가는 정이 있다.
AA 아니 땐 굴뚝에 연기 나랴.
BB 사공이 많으면 배가 산으로 간다.
CC 그 아버지에 그 아들, 그 어머니에 그 딸.
DD 호랑이 없는 골에 토끼가 선생 노릇 한다.

Answers 1. C 2. A 3. E 4. B 5. D 6. F 7. H 8. G 9. J 10. I 11. P 12. N 13. R 14. S 15. K 16. L 17. O 18. Q 19. T 20. M 21. V 22. Z 23. CC 24. W 25. U 26. Y 27. BB 28. X 29. DD 30. AA